공부력을 길러 주는
요즘 아이들의 똑똑한 **독해** 습관

문해력보스

한국사 우리 인물 (3종) / 우리 문화 (3종)　　**세계사** 세계 인물 (3종) / 세계 문화 (3종)

eduwill

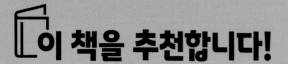

이 책을 추천합니다!

✒ 이 책을 추천하신 선생님들

"교과서독해 + 디지털독해 콘셉트는 단언컨대, 문해력의 빛나는 종합 선물 세트예요."

황준경 | 대광초등학교 교사

"교과서와 100% 연계된 글감으로 학교공부를 대비할 수 있어요."

나문정 | 한일초등학교 교사

"디지털 홍수 시대, 아이들이 현명한 판단을 내릴 수 있도록 하는 나침반 같은 책이에요."

박현진 | 샛별초등학교 교사

"문해력을 기르면서 동시에 배경지식까지 쌓여 두 마리 토끼를 잡을 수 있는 책이에요."

박미송 | 오송고등학교 교사

✒ 이 책을 추천하신 학부모님들

"아이들이 지루해하지 않아요. 스스로 연필을 잡고 공부하는 모습이 감동이었어요."

김태진 학생 어머니 | 상록초등학교

"교과서독해에서 배운 내용을 디지털독해를 통해 한 번 더 공부해서 좋았어요."

정유정 학생 어머니 | 부산진초등학교

"디지털독해가 뭔지 잘 몰랐는데, 책을 펼친 후 바로 알았네요.
공부뿐만 아니라 요즘 시대에 아이들에게 정말 필요한 능력을 길러 주는 책이라고 생각해요."

박수현 학생 어머니 | 광주서초등학교

"교과서를 기반으로 구성된 독해가 정말 매력적이었어요. 무엇보다 교과서가 중요하니까요."

신지훈 학생 어머니 | 고일초등학교

문해력 레벨업 게임

하루 공부를 마칠 때마다 붙임 딱지를 붙여 게임판을
완성해 보세요. 붙임 딱지는 책의 맨 뒤에 있어요.

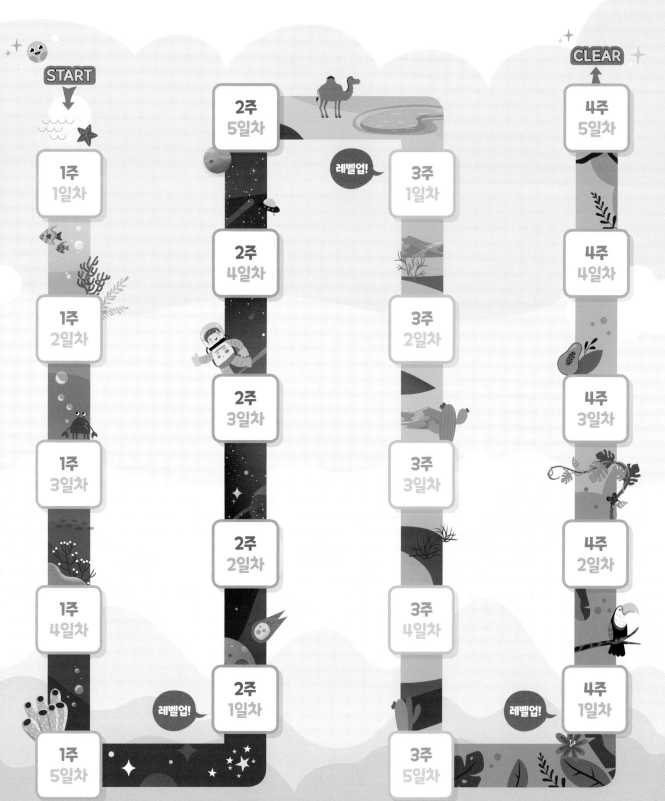

START

CLEAR

1주 1일차

1주 2일차

1주 3일차

1주 4일차

1주 5일차

2주 5일차

2주 4일차

2주 3일차

2주 2일차

2주 1일차

레벨업!

3주 1일차

3주 2일차

3주 3일차

3주 4일차

3주 5일차

레벨업!

4주 5일차

4주 4일차

4주 3일차

4주 2일차

4주 1일차

세계사 세계 문화 ③권 문화 살펴보기

1주

- **1일** 제1차 세계 대전
- **2일** 대공황의 공포
- **3일** 제2차 세계 대전
- **4일** 유대인 대학살
- **5일** 국제 연맹과 국제 연합

2주

- **1일** 전쟁을 기억하는 독일과 일본의 태도
- **2일** 아시아와 아프리카의 독립
- **3일** 냉전, 미국 VS 소련
- **4일** 냉전 속 아시아
- **5일** 냉전의 끝

3주

- **1일** 대중 매체와 대중문화
- **2일** 중국의 발전과 문제점
- **3일** 세계화가 가져온 변화
- **4일** 지역 분쟁과 난민 문제
- **5일** 반전 평화 운동

4주

- **1일** 세계의 다양한 축제
- **2일** 가난과 질병
- **3일** 20세기 과학의 발전
- **4일** 첨단 기술
- **5일** 환경 문제

문해력 보스

세계사 초등 3~6학년

세계 문화 ❸ 현대

우리 아이에게 "문해력"이 필요한 이유

문해력은 "글을 읽고 쓸 줄 아는 능력"입니다.
그럼 우리 아이의 문해력을 키우면 성적이 올라갈까요?

네, 그렇습니다.
문해력은 공부를 하는 데 필요한 기본 도구입니다.
국어, 사회, 과학 등 아이들이 배우는 과목에는 읽기와 쓰기 능력이 필요합니다.
문해력이 높으면 질문을 쉽게 이해하고
올바른 대답을 쓰거나 말할 수 있습니다.
문해력은 우리 아이의 학습 능력 그 자체입니다.
그래서 우리 아이에게 문해력이 필요합니다.

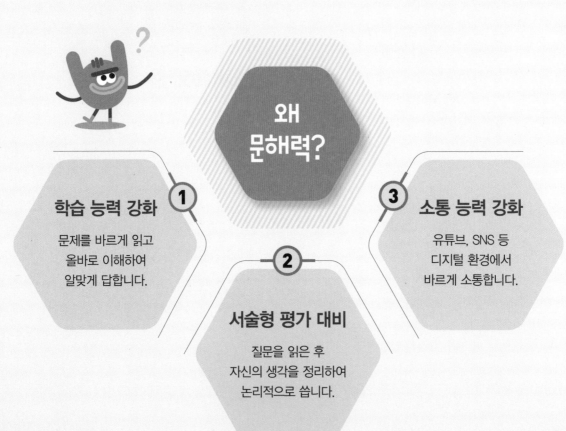

왜 문해력?

1 학습 능력 강화
문제를 바르게 읽고
올바로 이해하여
알맞게 답합니다.

2 서술형 평가 대비
질문을 읽은 후
자신의 생각을 정리하여
논리적으로 씁니다.

3 소통 능력 강화
유튜브, SNS 등
디지털 환경에서
바르게 소통합니다.

"문해력보스"가 특별한 이유!

문해력보스는 일반적인 문해력 책과 다릅니다.
이 책은 "글 문해력과 미디어 문해력을 함께 기르는 훈련서"입니다.

글에 대한 문해력을 키우는 것만큼 중요한 것은
유튜브, SNS와 같은 디지털 매체에 대한 문해력을 키우는 것입니다.
우리 아이는 디지털 매체가 가득한 세상에 살고 있습니다.
학교나 집에서 태블릿 PC로 수업을 하고,
유튜브를 보며, SNS로 친구들과 소통합니다.
"문해력보스"는 초등 교과와 연계된 다양한 글을 읽고,
이와 관련된 광고, 뉴스, 블로그 등 다양한 형태의 매체를 접하며 훈련합니다.
"문해력보스"는 우리 아이가 세상을 보는 힘을 길러 줍니다.

문해력
보스는?

교과서독해 ①
교과와 연계한
다양한 글감을 읽고
글에 대한 문해력을
기릅니다.

② **디지털독해**
뉴스, 블로그 등
다양한 매체를 접하며
미디어 문해력을
기릅니다.

③ **어휘 학습**
문해력의 기초가 되는
어휘를 풍부하게
익힙니다.

문해력보스
구성과 특징

교과서독해

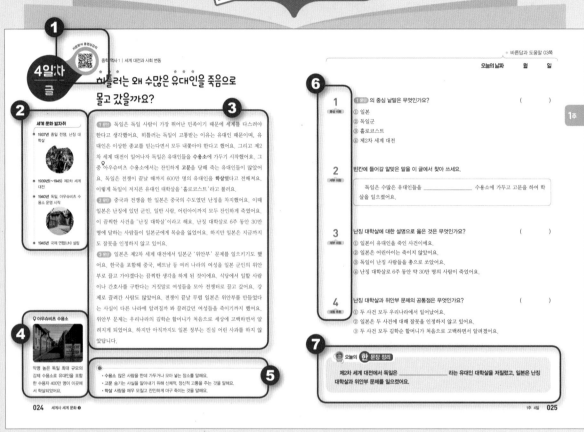

❶ **지문분석 동영상강의** 어려울 수 있는 교과서 지문을 선생님이 친절하게 설명해 줍니다.

❷ **세계 문화 발자취** 문화와 관련된 주요 사건 연표를 통해 세계사의 흐름을 파악합니다.

❸ **교과서 지문** 중등 교과서에 나오는 문화 이야기를 읽고 교과 지식을 쌓습니다.

❹ **보충 설명** 교과서 지문을 이해하는 데 참고할 배경지식을 함께 학습합니다.

❺ **어휘 풀이** 사전을 찾아보지 않고 바로바로 어휘의 뜻을 확인합니다.

❻ **문해력을 기르는 문제** 중심 내용, 세부 내용, 내용 추론, 내용 요약, 어휘 표현의 5가지 문제 유형을 골고루 풀어 보며 자연스럽게 문해력을 기릅니다.

❼ **오늘의 한 문장 정리** 교과서 지문에서 배운 내용을 한 문장으로 정리하는 연습을 합니다.

디지털독해

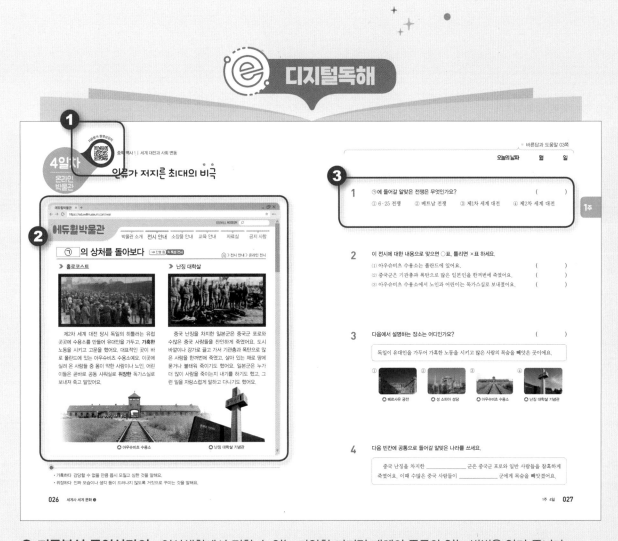

❶ **지문분석 동영상강의** 일상생활에서 접할 수 있는 다양한 디지털 매체의 종류와 읽는 방법을 알려 줍니다.

❷ **디지털 매체 지문** 교과서독해에서 학습한 주제를 뉴스, 블로그 등 다양한 디지털 매체 지문으로 나타냈습니다.

❸ **문해력을 기르는 문제** 디지털 매체 지문을 제대로 이해하였는지 점검하며 미디어 문해력을 기릅니다.

디지털 매체 지문 보기

신문기사

카드뉴스

SNS

백과사전

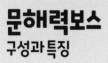

문해력보스
구성과 특징

어휘 정리

어휘
정리

1~5일 지문에서 나온 중요 어휘를 정리해 보세요.

오늘의 날짜   월   일

1주

1 밑줄 친 말의 뜻을 알맞게 줄로 이으세요.

제1차 세계 대전에는 위력을 가진
신무기들이 사용되었어요.

독일의 식민지였던 나라들이
독립했어요.

유대인들은 수용소로 끌려가
고문을 당했어요.

미국은 제1차 세계 대전 이후 가장
부유한 나라가 되었어요.

독일과 소련은 서로 침략하지
않겠다고 약속을 했어요.

나라들은 총력전을 펼치며 자신들이
가진 힘을 모두 동원했어요.

정당한 이유 없이 남의
나라에 쳐들어가다.

상대를 꼼짝 못 하게 할
만큼 강력한 힘

많은 사람을 한데 가두거나
모아 넣는 장소

힘이 센 다른 나라에게 정치적,
경제적으로 지배를 받는 나라

돈과 같은 재물이 넉넉하다.

전체의 모든 힘을 기울여서
하는 전쟁

2 밑줄 친 말과 뜻이 비슷한 낱말을 〈보기〉에서 찾아 빈칸에 쓰세요.

〈보기〉
약속   털어놓다   싸움   모질다   개발하다

(1) 의견이 다른 나라들끼리 분쟁이 일어나기도 해요.
서로 옳으니라고 잇고 비딛는거나 다툼

(2) 영국은 참호전을 끝내기 위해 탱크를 발명했어요.
아직까지 없던 기술이나 물건을 새로 생각하여 만들어 내다.

(3) 일본군은 중국 난징에서 사람들을 가혹하게 죽였어요.
견딜수 수 없을 만큼 힘이 심하다.

(4) 김학순 할머니는 위안부 문제를 처음으로 세상에 고백했어요.
마음속 숨 기었던 사실대로 숨김없이 말하다.

(5) 여러 나라들은 전쟁이 다시는 일어나지 않도록 조약을 맺었어요.
국가 간의 합의에 따라 서로 지킬 내용을 서로 맺은 것

3 다음 문장의 밑줄 친 말을 바르게 고쳐 빈칸에 쓰세요.

(1) 참호전을 반대하는 사람이 점점 느러났어요.

(2) 아우슈비츠 수용소에서 유대인 학설이 일어났어요.

(3) 여러 나라의 여성들이 일본군 위안부로 끌려갔어요.

(4) 제1차 세계 대전 이전까지는 군인들끼리 전쟁을 치뤘어요.

(5) 국제 연합은 자연제해로 큰 피해를 입은 나라를 돕기도 해요.

032 세계사 세계 문화 ❶

어휘 정리 033

한 주간 배운 중요 어휘를 문제를 풀어 보며 확인합니다.

- **1번**에서는 앞에서 배운 어휘의 뜻을 알맞게 연결합니다.
- **2번**에서는 뜻이 서로 비슷한 어휘를 알아봅니다.
- **3번**에서는 맞춤법에 맞는 어휘를 확인합니다.

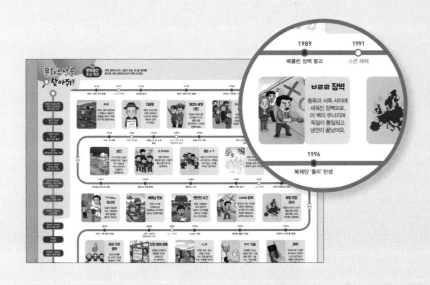

문화유산 초성 퀴즈 연표

연표를 따라가며 문화유산의 그림과 초성, 한 줄 정리를 통해 각 권에서 배운 중요 문화유산의 이름을 맞혀 봅니다.

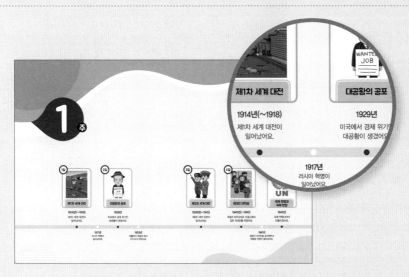

미리 보는 주별 학습

연표를 따라가며 해당 주에 만날 전 세계의 다양한 문화와 사건을 살펴봅니다.

바른답과 도움말

문제를 풀고 난 후 바른답과 도움말을 통해 혼자서도 쉽게 공부할 수 있습니다.

문해력보스 세계사 세계 문화 ❶, ❷권 주제 살펴보기

공부 습관을 만드는 스스로 학습 계획표

매일 공부를 마친 후, 공부한 날과 목표 달성도를 채워 보세요.

진도		유형	주제	쪽수	공부한 날	목표 달성도
1주	1일	글 온라인전시회	전쟁에 나간 군인들이 땅굴을 판 까닭은 무엇일까요? 제1차 세계 대전에 나타난 전쟁의 새로운 모습	12~15쪽	월 일	♡♡♡
	2일	글 신문기사	전쟁 후에 독일이 치른 혹독한 대가는 무엇일까요? 독일에게 전쟁의 책임을 묻다	16~19쪽	월 일	♡♡♡
	3일	글 카드뉴스	독일은 왜 또다시 전쟁을 일으켰을까요? 사진으로 보는 제2차 세계 대전	20~23쪽	월 일	♡♡♡
	4일	글 온라인박물관	히틀러는 왜 수많은 유대인을 죽음으로 몰고 갔을까요? 인류가 저지른 최대의 비극	24~27쪽	월 일	♡♡♡
	5일	글 온라인게시글	다시는 전쟁이 일어나지 않기 위해 인류가 한 일은 무엇일까요? 평화수호대! 국제 연맹과 국제 연합	28~31쪽	월 일	♡♡♡
	특별학습	1주 정리	어휘 정리			
2주	1일	글 인터뷰	독일과 일본은 자신의 '전쟁 범죄'를 어떻게 기억할까요? 과거를 기억하는 독일과 일본의 차이	36~39쪽	월 일	♡♡♡
	2일	글 신문기사	1960년은 왜 '아프리카의 해'라고 불릴까요? 제3 세계, 냉전의 중심에서 평화를 외치다	40~43쪽	월 일	♡♡♡
	3일	글 백과사전	인류 최초로 달에 간 나라는 어디일까요? 차가운 냉전 속 뜨거운 경쟁	44~47쪽	월 일	♡♡♡
	4일	글 온라인전시회	아시아에서는 왜 전쟁이 이어졌을까요? 아시아에서 펼쳐진 냉전의 모습	48~51쪽	월 일	♡♡♡
	5일	글 카드뉴스	독일 땅 한가운데에 기다란 벽이 있었다고요? 냉전, 그 끝을 향하여	52~55쪽	월 일	♡♡♡
	특별학습	2주 정리	어휘 정리			
3주	1일	글 신문기사	어떻게 많은 사람들이 같은 문화를 즐기게 되었나요? 자유를 향한 뜨거운 열기, 우드스톡 축제!	62~65쪽	월 일	♡♡♡
	2일	글 백과사전	중국 사람들은 왜 톈안먼에 모였을까요? 중국의 경제 발전 뒤에 가려진 그림자	66~69쪽	월 일	♡♡♡
	3일	글 블로그	'세계는 하나'라는 말은 무슨 뜻일까요? 유럽의 여러 나라를 자유롭게 여행해요	70~73쪽	월 일	♡♡♡
	4일	글 온라인전시회	위험에 빠진 난민은 누가 보호해 줄까요? 지금도 난민이 발생하고 있어요	74~77쪽	월 일	♡♡♡
	5일	글 온라인박물관	사람들은 왜 평화를 외칠까요? 우리는 전쟁에 반대합니다!	78~81쪽	월 일	♡♡♡
	특별학습	3주 정리	어휘 정리			
4주	1일	글 백과사전	세계의 대표적인 축제는 무엇일까요? 세계의 축제 속으로!	86~89쪽	월 일	♡♡♡
	2일	글 SNS	먹을 것과 마실 물이 없어서 목숨을 잃는 사람이 있다고요? 가난과 질병을 향한 따뜻한 손길	90~93쪽	월 일	♡♡♡
	3일	글 온라인전시회	과학 기술은 어떤 모습으로 발전했을까요? 과학이 가져온 편리한 생활 모습	94~97쪽	월 일	♡♡♡
	4일	글 카드뉴스	미래를 이끄는 첨단 기술에는 무엇이 있나요? 신기한 첨단 기술의 세계	98~101쪽	월 일	♡♡♡
	5일	글 신문기사	환경 문제는 누가 해결해야 할까요? 땅이 점점 사라지고 있는 나라, 투발루	102~105쪽	월 일	♡♡♡
	특별학습	4주 정리	어휘 정리			

1 주

1일

제1차 세계 대전

1914년(~1918)

제1차 세계 대전이
일어났어요.

2일

대공황의 공포

1929년

미국에서 경제 위기인
대공황이 생겼어요.

1917년

러시아 혁명이
일어났어요.

1933년

히틀러가 독일의 최고
지도자가 되었어요.

연표를 따라가며 1주차에 만날 전 세계의
문화와 사건을 살펴보세요.

3일

제2차 세계 대전

1939년(~1945)

제2차 세계 대전이
일어났어요.

4일

유대인 대학살

1940년(~1945)

독일이 아우슈비츠 수용소에서
많은 유대인을 죽였어요.

5일

국제 연맹과
국제 연합

1945년

국제 연합(UN)이
만들어졌어요.

1941년

일본이 진주만을 공격하면서
태평양 전쟁이 일어났어요.

전쟁에 나간 군인들이 땅굴을 판 까닭은 무엇일까요?

세계 문화 발자취

- **1914년(~1918)** 제1차 세계 대전

참호전

- **1917년** 레닌, 러시아 혁명 주도

- **1929년** 대공황 발생

- **1933년** 미국 루스벨트 대통령, 뉴딜 정책 시작

1문단 제1차 세계 대전은 이전의 전쟁과는 전혀 다른 모습으로 벌어졌어요. 이전에는 말을 타고 공격하는 기병대가 으뜸으로 여겨졌어요. 하지만 영국에서 만든 기관총이 전쟁에 사용되기 시작하면서 기병대는 힘을 잃고 말았어요. 연속해서 발사되는 기관총의 총알을 피하기 위해 각 나라들은 '참호'를 파기 시작했어요. 참호는 몸이 다 들어갈 정도의 깊이로 판 땅굴을 말해요. 군인들은 참호에 들어가 몸을 숨기고 있다가 적이 나타나면 공격할 수 있었어요. 하지만 참호는 좁은 데다가 진흙이 많아 축축했고, 쥐도 많았어요. 그래서 참호 안은 전염병이 쉽게 퍼졌어요. 이런 이유로 참호를 이용한 참호전을 반대하는 사람들이 늘어날 수밖에 없었어요.

"이렇게 계속 참호전을 하면 군인들만 죽어 나갈 겁니다."

참호전을 끝내기 위해 영국은 탱크를 발명했어요. 하지만 당시의 탱크는 속도가 느렸고 진흙이 많은 땅에서는 고장도 잘 났어요. 한편 독일은 'U-9호'라는 잠수함을 이용해 영국으로 가는 모든 배를 공격하는 '무제한 잠수함 작전'을 펼쳤어요. 이 외에도 대포, 비행기, 독가스 등 엄청난 **위력**을 가진 신무기들이 전쟁에 사용되었어요.

2문단 제1차 세계 대전 이전까지는 전쟁이 나면 군인들끼리 전쟁을 **치렀어요.** 하지만 세계 대전이 길어지자 나라들은 **총력전**을 펼치기 시작했어요. 남자들은 전쟁터로 보내졌고, 노인과 여성들은 무기를 만드는 곳에 보내지거나 군인을 간호하는 일을 맡는 등 모든 사람이 전쟁에 내몰렸어요. 결국 전쟁에 참여한 나라들은 모두 엄청난 손해를 입었어요. 특히 과학 기술이 만들어 낸 신무기들이 사용되면서 그 ⟨ ㉠ ⟩가 더욱 컸지요. 사망자는 900만 명에 달했고, 부상자도 2,200만 명에 이르는 끔찍한 결과를 낳았습니다.

○ U-9호 잠수함

독일의 잠수함인 'U-9호'는 영국의 거대한 군함 3척을 1시간 만에 가라앉혔어요.

- **위력** 상대를 꼼짝 못 하게 할 만큼 강력한 힘을 말해요.
- **치르다** 무슨 일을 겪어 내는 것을 말해요.
- **총력전** 전체의 모든 힘을 기울여서 하는 전쟁을 말해요.

오늘의 날짜   월   일

1 세부 내용

참호전을 끝내기 위해 영국이 한 일은 무엇인가요?   (   )

① 탱크를 발명했어요.

② 기관총을 사용했어요.

③ '무제한 잠수함 작전'을 펼쳤어요.

④ 전염병을 치료하는 약을 만들었어요.

2 세부 내용

제1차 세계 대전에 사용된 무기에 대한 설명으로 알맞지 <u>않은</u> 것은 무엇인가요? (   )

① 잠수함이나 대포, 비행기가 사용되었어요.

② 기관총이 사용되면서 기병대는 힘을 잃었어요.

③ 당시의 탱크는 속도도 느리고 고장도 잘 났어요.

④ 전염병을 일부러 퍼뜨리거나 독가스를 사용하기도 했어요.

3 내용 추론

이 글을 읽고 보인 반응으로 알맞지 <u>않은</u> 것은 무엇인가요?   (   )

① 참호는 넓고 깊어서 전쟁을 오랫동안 할 수 있었어.

② 군인들은 전쟁 중에 몸을 숨기기 위해 참호를 깊게 팠을 거야.

③ 참호는 깨끗하지 않은 환경 때문에 군인들을 병들게 했을 거야.

4 어휘 표현

㉠에 들어갈 알맞은 말은 무엇인가요?   (   )

① 이해   ② 방해   ③ 피해   ④ 오해

오늘의 **한** 문장 정리

제1차 세계 대전 때는 ＿＿＿＿＿＿＿＿ 이 사용되어 참호전을 했어요.

1일차
온라인
전시회

제1차 세계 대전에 나타난 전쟁의 새로운 모습

QR코드를 찍어
제1차 세계 대전의
특징에 대해
알아보아요.

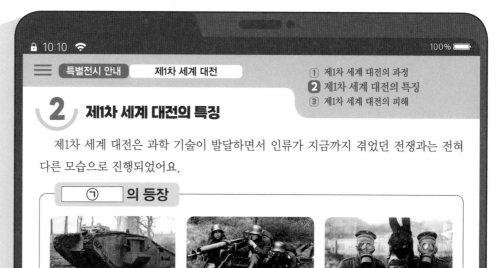

☰ 특별전시 안내   제1차 세계 대전

① 제1차 세계 대전의 과정
② 제1차 세계 대전의 특징
③ 제1차 세계 대전의 피해

2 제1차 세계 대전의 특징

제1차 세계 대전은 과학 기술이 발달하면서 인류가 지금까지 겪었던 전쟁과는 전혀 다른 모습으로 진행되었어요.

㉠ 의 등장

🔺 탱크　　　🔺 기관총　　　🔺 화학 무기(독가스)

• 장거리 대포, 기관총, 탱크, 잠수함, 전투기 등 엄청난 위력을 가진 신무기들을 사용했고, 독가스와 같은 화학 무기까지 개발했어요.

참호전

• 새로운 무기가 사용되면서 참호를 파고 오랜 시간 서로 대립하는 전쟁이 전개되었어요.
• 군인들은 참호 안에서 기관총을 쏘거나 한꺼번에 밖으로 뛰어나가 공격했어요.
• 참호 안은 더러워서 전염병이 퍼졌어요.

총력전

• 제1차 세계 대전에서는 여러 나라가 자신들이 가진 모든 힘을 **동원했어요.**
• 군인들뿐만 아니라, 여성과 노인들도 전쟁 물품을 만드는 일 등에 참여시켰어요.
• 총력전으로 인해 수많은 일반 시민들이 죽게 되었어요.

• 동원하다 어떤 목적을 달성하기 위해 사람이나 물건, 방법 등을 모으는 것을 말해요.

1 ㉠에 들어갈 알맞은 말을 골라 ○표 하세요.

| 신도시 | 신무기 | 신세대 | 신인류 |

2 다음 빈칸에 공통으로 들어갈 알맞은 말을 이 전시에서 찾아 쓰세요.

> • 제1차 세계 대전에서는 _____ 을/를 파고 오랜 시간 서로 대립하는
> 전투가 전개되었어요.
> • 군인들은 _____ 안에서 기관총을 쏘거나 한꺼번에 밖으로 뛰어나가
> 공격했어요.

3 이 전시의 내용으로 맞으면 ○표, 틀리면 ×표 하세요.

⑴ 참호 안은 더러워서 전염병이 퍼졌어요.   (   )
⑵ 제1차 세계 대전에서는 과학 기술의 발달로 기관총으로만 싸웠어요.   (   )
⑶ 제1차 세계 대전에서는 여러 나라가 자신들이 가진 모든 힘을 동원했어요. (   )

4 제1차 세계 대전에서 등장한 새로운 무기가 <u>아닌</u> 것은 무엇인가요?   (   )

①
🔺 탱크

②
🔺 활

③
🔺 기관총

④
🔺 독가스

전쟁 후에 독일이 치른 혹독한 대가는 무엇일까요?

세계 문화 발자취

● 1922년 무솔리니, 이탈리아 정권 장악

● 1929년 대공황 발생

● 1933년 미국 루스벨트 대통령, 뉴딜 정책 시작

● 1939년(~1945) 제2차 세계 대전

1문단 제1차 세계 대전이 끝나자 프랑스 파리에서는 전쟁의 뒤처리 문제를 의논하고, 이러한 전쟁이 다시는 일어나지 않도록 하기 위한 회의가 열렸어요. 회의 끝에 독일은 전쟁을 일으킨 책임으로 모든 **식민지**를 잃고, 피해를 입은 여러 나라들에게 많은 **배상금**을 내야 했어요. 또 전차나 잠수함을 가질 수 없었고, 군인도 10만 명을 넘기지 못하게 되었어요. 이 조약은 프랑스에 있는 베르사유 궁전에서 맺어져 '베르사유 **조약**'이라고 불려요. 이 조약으로 인해 독일은 힘을 잃었고, 전쟁에서 이긴 프랑스와 영국 역시 피해가 너무 컸기 때문에 힘이 약해졌어요. ㉠하지만 미국은 달랐어요. 미국은 전쟁터가 아니었기 때문에 큰 피해가 없었고, 전쟁에 필요한 물건들을 만들어 유럽에 팔면서 돈을 많이 벌었기 때문이에요. 그래서 미국은 제1차 세계 대전 이후 세계 질서를 움직일 수 있을 만큼 성장하게 되었어요.

2문단 세계에서 가장 **부유한** 나라가 된 미국에는 공장과 높은 건물들이 지어지기 시작했어요. 하지만 너무 빠르게 발전을 한 것이 문제가 되었어요. 물건을 너무 많이 만들어서 남아돌자, 공장은 문을 닫고 일자리를 잃는 사람이 늘어났어요. 그리고 망한 회사에 돈을 빌려준 은행은 돈을 돌려받지 못해 문을 닫아야 했어요. 미국에 '대공황'이 닥친 것이에요. 또한 미국에 경제적으로 기대고 있던 유럽도 위기를 맞게 되었어요. 특히 베르사유 조약으로 막대한 배상금을 물어 줘야 했던 독일에게는 더욱더 힘든 상황이었어요. 그런데 이때, 독일에 **아돌프 히틀러**가 나타났어요.

"독일의 영광을 다시 찾아오겠습니다!"

그리고 히틀러는 독일의 힘을 키워 제2차 세계 대전을 일으키게 됩니다.

베르사유 조약 풍자화

베르사유 조약 이후 독일, 영국, 프랑스, 미국의 모습을 풍자한 그림이에요. 아래 누워 있는 사람이 독일, 위쪽의 사람은 프랑스, 영국, 미국의 대표들을 나타내요.

• **식민지** 힘이 센 다른 나라에게 정치적, 경제적으로 지배를 받는 나라를 말해요.

• **배상금** 남에게 입힌 손해를 물어 주기 위한 돈을 말해요.

• **조약** 국가 간의 합의에 따라 세부적인 내용을 세워 맺은 약속을 말해요.

• **부유하다** 돈과 같은 재물이 넉넉한 것을 말해요.

오늘의날짜   월   일

1
세부 내용

베르사유 조약에 대한 설명으로 알맞지 <u>않은</u> 것은 무엇인가요?   (   )

① 독일은 전차나 잠수함을 가질 수 없게 되었어요.

② 프랑스는 베르사유 궁전을 독일에게 뺏기게 되었어요.

③ 독일은 모든 식민지를 잃고 많은 배상금을 내야 했어요.

2
내용 추론

대공황 시기의 대화로 알맞지 <u>않은</u> 것은 무엇인가요?   (   )

① 마크: 이번에 우리 공장이 문을 닫으면서 난 일자리를 잃었어.

② 콜린: 망한 회사에 돈을 빌려준 은행도 돈을 돌려받지 못해 큰일이야.

③ 제이든: 그래도 농민들은 이 어려움을 기회로 삼을 수 있겠어.

3
어휘 표현

밑줄 친 ㉠에서 미국의 상황을 가장 잘 나타낼 수 있는 말은 무엇인가요?   (   )

① 결초보은: 죽어서도 잊지 않고 은혜를 갚는다.

② 권선징악: 착한 일은 권하고 악한 일은 벌한다.

③ 어부지리: 두 사람이 서로 싸우다 엉뚱한 사람이 이익을 얻게 된다.

4
내용 요약

이 글을 요약했어요. 빈칸에 들어갈 알맞은 말을 찾아 쓰세요.

1 문단	• 베르사유 조약으로 인해 (❶), 프랑스, 영국의 힘이 약해졌어요. • 하지만 미국은 돈을 많이 벌고 성장하게 됐어요.
2 문단	• 너무 빠르게 성장한 미국에 대공황이 닥쳤어요. • 독일에 (❷)이/가 나타나 제2차 세계 대전을 일으켰어요.

❶ _____   ❷ _____

 오늘의 **한** 문장 정리

제1차 세계 대전 이후 베르사유 조약이 맺어졌고, 미국에는 _____ 이 닥쳤어요.

2일차
신문기사

지문분석 동영상강의

독일에게 전쟁의 책임을 묻다

에듀윌뉴스 × +

https://eduwillnews.com/Versailles ☆

뉴스홈　　다시보기　　커뮤니티　　　　　　　　　　　**e 에듀윌뉴스**

속보 | 정치 | 경제 | 사회 | 국제 | 문화 | 연예 | 날씨 | 스포츠

베르사유 조약, ⑤

　프랑스에서 열린 회의 결과, 제1차 세계 대전에서 승리한 연합국과 패배한 독일 사이에 베르사유 조약이 맺어졌다. 베르사유 조약에서 전쟁의 책임이 독일에 있다는 것을 분명히 했다. 주요 내용은 다음과 같다.

- 독일은 자신들이 가지고 있는 식민지에 관한 모든 권리를 연합국에게 넘겨준다.
- 독일은 군대 규모를 줄이고, 잠수함을 만들 수 없다.
- 제1차 세계 대전의 모든 책임은 독일과 독일과 **동맹**을 맺은 나라에 있다.
- 독일은 연합국에 200억 마르크(12조원)를 내야 한다.

　이 조약을 맺음으로써 독일은 힘이 많이 약해질 것으로 보인다. 반면 미국은 큰 이익을 얻으면서 앞으로 세계 질서를 주도할 것으로 보인다. 앞으로 제1차 세계 대전에서 승리한 연합국 중심으로 새로운 국제 질서가 생길 것으로 예상된다.

총 의견 수 1개 ↻새 글 보기　　　　　　　　　　　　　　　**최신순**　추천순　반대순

└ 독일은 베르사유 조약으로 많은 것을 잃었네.

• **동맹** 둘 이상의 개인, 단체, 나라 등이 이익을 위해서 서로 도울 것을 약속하는 것을 말해요.

오늘의날짜　　　　**월**　　　　**일**

1　㉠에 들어갈 알맞은 제목은 무엇인가요?　　　　　　　　（　　　　）

① 독일이 많은 식민지를 얻다

② 독일에게 전쟁의 책임을 묻다

③ 미국에게 막대한 돈을 요구하다

④ 영국과 프랑스, 대부분의 식민지를 잃다

2　이 기사에 대한 내용으로 맞으면 ○표, 틀리면 ×표 하세요.

⑴ 독일은 제1차 세계 대전에서 패배했어요.　　　　　　　　　（　　　　）

⑵ 연합국은 제1차 세계 대전의 책임이 독일에 있다는 것을 분명히 했어요.　（　　　　）

⑶ 독일은 베르사유 조약으로 땅이 넓어지고 많은 식민지를 얻게 되었어요.　（　　　　）

3　베르사유 조약이 맺어진 나라는 어디인가요?　　　　　　　（　　　　）

① 영국

② 독일

③ 프랑스

④ 이탈리아

4　제1차 세계 대전으로 큰 이익을 얻은 나라는 어디인가요?　　（　　　　）

① 　　② 　　③ 　　④

🔺영국　　　🔺프랑스　　　🔺미국　　　🔺독일

3일차 글

지문분석 동영상강의

독일은 왜 또다시 전쟁을 일으켰을까요?

세계 문화 발자취

● 1922년 무솔리니, 이탈리아 정권 장악

● 1933년 히틀러, 독일 정권 장악

● 1939년(~1945) 제2차 세계 대전

● 1940년 독일, 아우슈비츠 수용소 운영 시작

1 문단 독일은 베르사유 조약을 어기고 새로운 무기를 만들면서 전쟁을 치를 준비를 했어요. 또한 힘이 센 소련과는 서로 **침략하지** 않겠다고 미리 약속을 했지요. 마침내 준비를 마친 독일은 폴란드에 폭탄을 퍼부으며 쳐들어갔어요. 폴란드와 같은 편이었던 프랑스와 영국은 독일에 전쟁을 **선언했어요.** 이렇게 제2차 세계 대전이 시작되었어요. 그동안 전쟁 준비를 열심히 했던 독일의 힘은 어마어마했어요. 결국 덴마크, 네덜란드, 벨기에, 프랑스까지 모두 독일의 땅이 되었어요. 하지만 영국이 쉽게 무너지지 않자 독일은 약속을 깨고 소련까지 공격했어요.

2 문단 유럽이 이렇게 독일과 싸우는 동안 독일과 동맹을 맺은 일본도 전쟁에 나섰어요. 프랑스가 혼란에 빠진 사이 프랑스의 식민지였던 땅을 뺏으려고 한 거예요. 프랑스는 미국에 도움을 요청했고, 미국은 영국, 네덜란드와 함께 일본이 석유를 사지 못하도록 막아버렸어요. 결국 일본은 미국 해군이 있던 하와이의 진주만을 공격했어요. 이 공격으로 200대가 넘는 비행기가 부서졌고, 2천 명이 넘는 사람이 목숨을 잃었어요. 전쟁에 참여하지 않았던 미국은 이 일로 제2차 세계 대전에 뛰어들게 되었어요.

3 문단 소련을 공격한 독일은 이번에도 뜻대로 되지 않았어요. 겨울이 찾아오자 심한 추위와 배고픔까지 겹쳐 싸울 수 없는 지경에 이르렀지요. 이때 소련이 독일을 공격했고, 독일은 수백만 명의 군인을 잃고 **후퇴하기로** 했어요. 뒤이어 미국이 노르망디 상륙 작전에 성공해 프랑스가 독일의 손아귀에서 벗어나자 독일은 항복을 선언했어요. ⑦ 일본은 마지막까지 전쟁을 포기하지 않았어요. 결국 미국이 일본의 히로시마와 나가사키에 원자 폭탄을 터뜨리고 말았어요. 이로 인해 일본까지 항복을 선언하면서 제2차 세계 대전은 막을 내리게 되었습니다.

📍 **일본의 진주만 공격**

일본이 하와이의 진주만을 갑자기 공격하자, 미국이 일본에 선전 포고를 하며 전쟁에 참여했어요.

• **침략하다** 정당한 이유 없이 남의 나라에 쳐들어가는 것을 말해요.
• **선언하다** 어떤 사실이나 내용을 공식적으로 널리 알리는 것을 말해요.
• **후퇴하다** 뒤로 물러나는 것을 말해요.

오늘의날짜   월   일

1

중심 내용

1문단 의 중심 내용은 무엇인가요?   (   )

① 일본이 진주만을 공격했어요.

② 독일과 일본이 동맹을 맺었어요.

③ 미국이 히로시마에 원자 폭탄을 터뜨렸어요.

④ 독일이 폴란드를 침략하며 제2차 세계 대전이 시작되었어요.

2

세부 내용

일본이 진주만을 공격한 결과가 <u>아닌</u> 것은 무엇인가요?   (   )

① 일본이 독일에 항복하게 되었어요.

② 200대가 넘는 비행기가 부서졌어요.

③ 미국이 제2차 세계 대전에 참여하게 되었어요.

3

어휘 표현

㉠에 들어갈 알맞은 말은 무엇인가요?   (   )

① 그래서   ② 하지만   ③ 왜냐하면   ④ 예를 들어

4

내용 요약

이 글을 읽고 다음 내용을 일어난 순서대로 알맞게 기호를 쓰세요.

(가) 독일이 폴란드와 소련을 공격했어요.

(나) 일본이 하와이의 진주만을 공격했어요.

(다) 미국이 일본에 원자 폭탄을 터뜨렸어요.

(   ) ➡ (   ) ➡ (   )

🙂 오늘의 **한** 문장 정리

_____ 이 베르사유 조약을 어기며 제2차 세계 대전이 시작되었고, 일본은 진주만을

공격했어요.

사진으로 보는 제2차 세계 대전

01 독일의 폴란드 공격(1939)

독일의 히틀러가 아무런 예고 없이 폴란드를 공격하여 제2차 세계 대전이 시작됐어요.

02 독일의 파리 차지(1940)

독일이 프랑스 파리를 차지하자 프랑스의 드골 장군은 영국으로 건너가 저항했어요.

03 일본의 진주만 공격(1941)

일본이 하와이의 진주만을 갑자기 공격하자 미국이 전쟁에 참여했어요.

04 미드웨이 해전(1942)

일본이 미드웨이 섬을 공격했고, 미국이 이 전쟁에서 승리했어요.

05 스탈린그라드 전투(1942~1943)

소련이 독일과의 스탈린그라드 전투에서 승리하여 독일군을 소련에서 몰아냈어요.

06 일본에 원자 폭탄 투하(1945)

미국이 일본에 원자 폭탄을 **투하했고**, 제2차 세계 대전이 끝났어요.

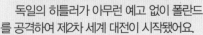

• 투하하다 던져 아래로 떨어뜨리는 것을 말해요.

1 이 카드뉴스의 주제는 무엇인가요?   (   )

① 6·25 전쟁   ② 베트남 전쟁   ③ 제1차 세계 대전   ④ 제2차 세계 대전

2 이 카드뉴스에 대한 내용으로 맞으면 ○표, 틀리면 ×표 하세요.

(1) 미국은 독일에 폭탄을 떨어뜨렸어요.   (   )

(2) 미국이 미드웨이 해전에서 승리했어요.   (   )

(3) 스탈린그라드 전투에서 소련이 승리했어요.   (   )

3 미국이 전쟁에 참여하는 계기가 된 사건은 무엇인가요?   (   )

① 미국이 일본에 원자 폭탄을 떨어뜨렸어요.

② 일본이 하와이의 진주만을 갑자기 공격했어요.

③ 소련이 독일과의 스탈린그라드 전투에서 승리했어요.

④ 독일의 히틀러가 아무런 예고 없이 폴란드를 공격했어요.

4 다음 (   ) 안에 들어갈 알맞은 말을 골라 ○표 하세요.

(독일 , 일본)이 미드웨이 섬을 공격했고, 미국이 이 전쟁에서 승리했어요.

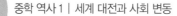

지문분석 동영상강의

4일차
글

★★★ 히틀러는 왜 수많은 유대인을 죽음으로 ★★★ 몰고 갔을까요?

세계 문화 발자취

- 1937년 중일 전쟁, 난징 대학살

- 1939년(~1945) 제2차 세계 대전

- 1940년 독일, 아우슈비츠 수용소 운영 시작

- 1945년 국제 연합(UN) 설립

1문단 독일은 독일 사람이 가장 뛰어난 민족이기 때문에 세계를 다스려야 한다고 생각했어요. 히틀러는 독일이 고통받는 이유는 유대인 때문이며, 유대인은 이상한 종교를 믿는다면서 모두 내쫓아야 한다고 했어요. 그리고 제2차 세계 대전이 일어나자 독일은 유대인들을 **수용소**에 가두기 시작했어요. 그중 아우슈비츠 수용소에서는 잔인하게 **고문**을 당해 죽는 유대인들이 많았어요. 독일은 전쟁이 끝날 때까지 600만 명의 유대인을 **학살**했다고 전해져요. 이렇게 독일이 저지른 유대인 대학살을 '홀로코스트'라고 불러요.

2문단 중국과 전쟁을 한 일본은 중국의 수도였던 난징을 차지했어요. 이때 일본은 난징에 있던 군인, 일반 사람, 어린아이까지 모두 잔인하게 죽였어요. 이 끔찍한 사건을 '난징 대학살'이라고 해요. 난징 대학살로 6주 동안 30만 명에 달하는 사람들이 일본군에게 목숨을 잃었어요. 하지만 일본은 지금까지도 잘못을 인정하지 않고 있어요.

3문단 일본은 제2차 세계 대전에서 일본군 '위안부' 문제를 일으키기도 했어요. 한국을 포함해 중국, 베트남 등 여러 나라의 여성을 일본 군인의 위안부로 끌고 가야겠다는 끔찍한 생각을 하게 된 것이에요. 식당에서 일할 사람이나 간호사를 구한다는 거짓말로 여성들을 모아 전쟁터로 끌고 갔어요. 강제로 끌려간 사람도 많았어요. 전쟁이 끝날 무렵 일본은 위안부를 만들었다는 사실이 다른 나라에 알려질까 봐 끌려갔던 여성들을 죽이기까지 했어요. 위안부 문제는 우리나라의 김학순 할머니가 처음으로 세상에 고백하면서 알려지게 되었어요. 하지만 아직까지도 일본 정부는 진심 어린 사과를 하지 않았답니다.

♀ 아우슈비츠 수용소

악명 높은 독일 최대 규모의 강제 수용소로 유대인을 포함한 수용자 400만 명이 이곳에서 학살되었어요.

- **수용소** 많은 사람을 한데 가두거나 모아 넣는 장소를 말해요.
- **고문** 숨기는 사실을 알아내기 위해 신체적, 정신적 고통을 주는 것을 말해요.
- **학살** 사람을 매우 모질고 잔인하게 마구 죽이는 것을 말해요.

오늘의 날짜   월   일

1
중심 내용

1문단 의 중심 낱말은 무엇인가요?   (   )

① 일본
② 독일군
③ 홀로코스트
④ 제2차 세계 대전

2
세부 내용

빈칸에 들어갈 알맞은 말을 이 글에서 찾아 쓰세요.

독일은 수많은 유대인들을 _____ 수용소에 가두고 고문을 하여 학살을 일으켰어요.

3
세부 내용

난징 대학살에 대한 설명으로 옳은 것은 무엇인가요?   (   )

① 일본이 유대인을 죽인 사건이에요.
② 일본은 어린아이는 죽이지 않았어요.
③ 독일이 난징 사람들을 총으로 쏘았어요.
④ 난징 대학살로 6주 동안 약 30만 명의 사람이 죽었어요.

4
내용 추론

난징 대학살과 일본군 위안부 문제의 공통점은 무엇인가요?   (   )

① 두 사건 모두 우리나라에서 일어났어요.
② 일본은 두 사건에 대해 잘못을 인정하지 않고 있어요.
③ 두 사건 모두 김학순 할머니가 처음으로 고백하면서 알려졌어요.

 오늘의 **한** 문장 정리

제2차 세계 대전에서 독일은 _____ 라는 유대인 대학살을 저질렀고, 일본은 난징 대학살과 일본군 위안부 문제를 일으켰어요.

4일차

온라인 박물관

지문분석 동영상강의

인류가 저지른 최대의 비극

에듀윌박물관 × +

← → ⟳ https://eduwillmuseum.com/war ☆ •••

에듀윌박물관

EDUWILL MUSEUM 🔍

박물관 소개　전시 안내　소장품 안내　교육 안내　자료실　공지 사항

⟨ ㉠ ⟩의 상처를 돌아보다 ●●▶진행 중 ★특별 전시

🏠 〉전시 안내 〉온라인 전시

▶ **홀로코스트**

　제2차 세계 대전 당시 독일의 히틀러는 유럽 곳곳에 수용소를 만들어 유대인을 가두고, **가혹한** 노동을 시키고 고문을 했어요. 대표적인 곳이 바로 폴란드에 있는 아우슈비츠 수용소예요. 이곳에 실려 온 사람들 중 몸이 약한 사람이나 노인, 어린이들은 곧바로 공동 샤워실로 **위장한** 독가스실로 보내져 죽고 말았어요.

▶ **난징 대학살**

　중국 난징을 차지한 일본군은 중국군 포로와 수많은 중국 사람들을 잔인하게 죽였어요. 도시 바깥이나 강가로 끌고 가서 기관총과 폭탄으로 많은 사람을 한꺼번에 죽였고, 살아 있는 채로 땅에 묻거나 불태워 죽이기도 했어요. 일본군은 누가 더 많이 사람을 죽이는지 내기를 하기도 했고, 그런 일을 자랑스럽게 말하고 다니기도 했어요.

🔺 아우슈비츠 수용소　　　　🔺 난징 대학살 기념관

• 가혹하다 감당할 수 없을 만큼 몹시 모질고 심한 것을 말해요.
• 위장하다 진짜 모습이나 생각 등이 드러나지 않도록 거짓으로 꾸미는 것을 말해요.

1 ㉠에 들어갈 알맞은 전쟁은 무엇인가요?   (   )

① 6·25 전쟁   ② 베트남 전쟁   ③ 제1차 세계 대전   ④ 제2차 세계 대전

2 이 전시에 대한 내용으로 맞으면 ○표, 틀리면 ×표 하세요.

(1) 아우슈비츠 수용소는 폴란드에 있어요.   (   )

(2) 중국군은 기관총과 폭탄으로 많은 일본인을 한꺼번에 죽였어요.   (   )

(3) 아우슈비츠 수용소에서 노인과 어린이는 독가스실로 보내졌어요.   (   )

3 다음에서 설명하는 장소는 어디인가요?   (   )

독일이 많은 유대인을 가두어 가혹한 노동을 시키고 목숨을 빼앗은 곳이에요.

①    ②    ③    ④

🔺 베르사유 궁전   🔺 성 소피아 성당   🔺 아우슈비츠 수용소   🔺 난징 대학살 기념관

4 다음 빈칸에 공통으로 들어갈 알맞은 나라를 쓰세요.

중국 난징을 차지한 _____ 군은 중국군 포로와 일반 사람들을 참혹하게

죽였어요. 이때 수많은 중국 사람들이 _____ 군에게 목숨을 빼앗겼어요.

1주

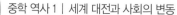

5일차
글

지문분석 동영상강의

다시는 전쟁이 일어나지 않기 위해 인류가 한 일은 무엇일까요?

세계 문화 발자취

- 1920년 국제 연맹 설립
- 1939년(~1945) 제2차 세계 대전
- 1941년 일본, 진주만 공격(태평양 전쟁 발발)

- 1945년 독일과 일본 항복, 국제 연합(UN) 설립

1 문단 제1차 세계 대전이 끝나자, 세계 여러 나라들은 회의를 했어요. "다시는 이런 전쟁이 일어나지 않도록 여러 나라가 함께 노력해야 합니다." 이렇게 뜻을 모아 탄생한 것이 '국제 **연맹**'이에요. 모두의 평화를 지키고, 필요할 때는 서로 힘을 합하기로 약속한 것이에요. 세계의 평화를 위해 만들어진 국제 연맹은 나라 사이에 문제가 생기면 서로 해결해 주었어요. 하지만 국제 연맹에는 문제점도 있었어요. 만약 다른 나라가 침략을 당해도 국제 연맹에는 군대가 없어 도와줄 힘이 없었어요. 또 미국은 국제 연맹에 참여하지 않았어요. 결국 국제 연맹은 제2차 세계 대전을 일으킨 독일과 일본, 이탈리아가 탈퇴하고 소련도 빠지면서 힘을 잃어 사라지게 되었어요.

2 문단 제2차 세계 대전이 끝난 후에는 사람들이 평화를 바라는 마음이 더욱 간절해졌어요. 제2차 세계 대전은 전쟁 중에서 가장 큰 피해를 가져왔을 뿐만 아니라, 홀로코스트, 난징 대학살과 같이 ☐ ㉠ ☐ 사건이 많았기 때문이에요. 그래서 국제 연맹을 만든 뜻을 이어 이번에는 '국제 **연합**(UN)'이 만들어졌어요. 국제 연맹에는 군대가 없어 전쟁을 막기 어려웠던 것을 생각하여, 국제 연합은 '평화 유지군'이라는 군대도 만들었어요. 현재까지도 국제 연합은 미국, 영국, 독일, 우리나라를 포함한 세계 193여 개의 나라가 참여해 전쟁을 막고 평화를 지키기 위해 노력하고 있어요. 또 가난한 나라나 **자연재해**로 인해 큰 피해를 입은 나라를 돕기도 해요. 그러나 몇몇 나라들은 국제 연합의 결정을 무시하여 **분쟁**이 일어나기도 한답니다.

📍 국제 연합(UN)과 우리나라

우리나라는 1991년에 국제 연합에 처음 가입하여 활동하고 있어요. 또한 2007년에는 한국인으로서 최초로 반기문이 국제 연합의 사무총장에 취임했어요.

- **연맹** 같은 목적을 가진 둘 이상의 단체나 국가가 서로 돕기로 약속하는 것을 말해요.
- **연합** 여러 단체들이 합쳐서 하나의 조직을 만드는 것을 말해요.
- **자연재해** 태풍, 가뭄, 홍수, 지진, 화산 폭발 등의 피할 수 없는 자연 현상으로 인해 받게 되는 피해를 말해요.
- **분쟁** 서로 물러서지 않고 치열하게 다투는 것을 말해요.

오늘의 날짜　　　**월**　　　**일**

1 국제 연맹에 참여하지 <u>않은</u> 나라는 어디인가요?　　　（　　　）

세부 내용

① 독일　　　　② 일본　　　　③ 미국　　　　④ 소련

2 국제 연합이 하는 일에 대해 <u>잘못</u> 말한 어린이는 누구인가요?　　　（　　　）

세부 내용

① 세리: 가난한 나라의 사람들을 도와줘.

② 제훈: 태풍으로 피해를 입은 나라를 도와줘.

③ 인영: 전쟁이 나면 '평화 유지군'이라는 군대를 보내.

④ 수진: 국제 연합의 결정을 무시하는 나라들에 벌을 줘.

3 국제 연맹과 국제 연합의 공통점이 <u>아닌</u> 것은 무엇인가요?　　　（　　　）

내용 추론

① 우리나라가 참여했어요.

② 세계 평화를 위해 만들어졌어요.

③ 전쟁이 끝나고 나서 만들어졌어요.

④ 여러 나라가 뜻을 모아 만들었어요.

4 ㉠에 들어갈 수 <u>없는</u> 말은 무엇인가요?　　　（　　　）

어휘 표현

① 참혹한　　　　② 잔혹한　　　　③ 고요한　　　　④ 무자비한

🐵 오늘의 **한** 문장 정리

평화를 위해 제1차 세계 대전이 끝나고 ＿＿＿＿＿＿＿＿＿ 이, 제2차 세계 대전이 끝난 후에는 ＿＿＿＿＿＿＿＿＿ 이 만들어졌어요.

5일차
온라인 게시글

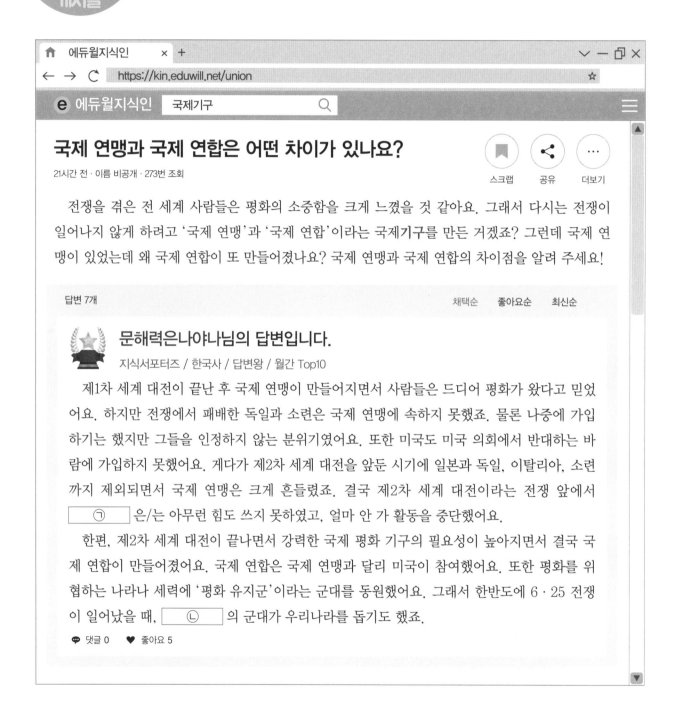

평화수호대! 국제 연맹과 국제 연합

🏠 에듀윌지식인   ✕   +

← → C   https://kin.eduwill.net/union   ☆

e 에듀윌지식인   국제기구   🔍 ≡

국제 연맹과 국제 연합은 어떤 차이가 있나요?

21시간 전 · 이름 비공개 · 273번 조회

🔖 스크랩   〈 공유   ⋯ 더보기

　전쟁을 겪은 전 세계 사람들은 평화의 소중함을 크게 느꼈을 것 같아요. 그래서 다시는 전쟁이 일어나지 않게 하려고 '국제 연맹'과 '국제 연합'이라는 국제기구를 만든 거겠죠? 그런데 국제 연맹이 있었는데 왜 국제 연합이 또 만들어졌나요? 국제 연맹과 국제 연합의 차이점을 알려 주세요!

답변 7개   채택순   좋아요순   최신순

🏅 문해력은나야나님의 답변입니다.
지식서포터즈 / 한국사 / 답변왕 / 월간 Top10

　제1차 세계 대전이 끝난 후 국제 연맹이 만들어지면서 사람들은 드디어 평화가 왔다고 믿었어요. 하지만 전쟁에서 패배한 독일과 소련은 국제 연맹에 속하지 못했죠. 물론 나중에 가입하기는 했지만 그들을 인정하지 않는 분위기였어요. 또한 미국도 미국 의회에서 반대하는 바람에 가입하지 못했어요. 게다가 제2차 세계 대전을 앞둔 시기에 일본과 독일, 이탈리아, 소련까지 제외되면서 국제 연맹은 크게 흔들렸죠. 결국 제2차 세계 대전이라는 전쟁 앞에서 　　⊙　　은/는 아무런 힘도 쓰지 못하였고, 얼마 안 가 활동을 중단했어요.

　한편, 제2차 세계 대전이 끝나면서 강력한 국제 평화 기구의 필요성이 높아지면서 결국 국제 연합이 만들어졌어요. 국제 연합은 국제 연맹과 달리 미국이 참여했어요. 또한 평화를 위협하는 나라나 세력에 '평화 유지군'이라는 군대를 동원했어요. 그래서 한반도에 6 · 25 전쟁이 일어났을 때, 　　ⓛ　　의 군대가 우리나라를 돕기도 했죠.

💬 댓글 0   ♥ 좋아요 5

• 기구 많은 사람이 모여 어떤 목적을 위해 구성한 단체를 말해요.

1 ㉠, ㉡에 들어갈 국제기구가 알맞게 짝지어진 것은 무엇인가요?   (   )

	㉠	㉡
①	국제 연맹	국제 연합
②	국제 연합	국제 연맹
③	세계 무역 기구	국제 연합
④	국제 연맹	세계 무역 기구

2 이 게시글에 대한 내용으로 맞으면 ○표, 틀리면 ×표 하세요.

(1) 미국은 국제 연맹을 만들었어요.   (   )

(2) 독일과 소련은 국제 연맹에 가입한 적이 없어요.   (   )

(3) 국제 연합은 제2차 세계 대전이 끝나고 만들어졌어요.   (   )

3 다음 빈칸에 들어갈 알맞은 전쟁은 무엇인가요?   (   )

> 1950년 한반도에 _____ 이 일어났을 때, 국제 연합의 군대인 유엔군이 우리나라를 돕기도 했어요.

① 6 · 25 전쟁   ② 베트남 전쟁   ③ 제1차 세계 대전   ④ 제2차 세계 대전

4 국제 연맹과 국제 연합을 비교한 내용으로 알맞지 않은 것은 무엇인가요?   (   )

	국제 연맹	국제 연합
① 만들어진 때	제1차 세계 대전 이후	제2차 세계 대전 이후
② 군대	없음.	있음.
③ 특징	미국이 참여함.	미국이 참여하지 않음.

1~5일 지문에서 나온 중요 어휘를 정리해 보세요.

1 밑줄 친 말의 뜻을 알맞게 줄로 이으세요.

| 제1차 세계 대전에는 **위력**을 가진 신무기들이 사용되었어요. | · | · | 정당한 이유 없이 남의 나라에 쳐들어가다. |

| 독일의 **식민지**였던 나라들이 독립했어요. | · | · | 상대를 꼼짝 못 하게 할 만큼 강력한 힘 |

| 유대인들은 **수용소**로 끌려가 고문을 당했어요. | · | · | 많은 사람을 한데 가두거나 모아 넣는 장소 |

| 미국은 제1차 세계 대전 이후 가장 **부유한** 나라가 되었어요. | · | · | 힘이 센 다른 나라에게 정치적, 경제적으로 지배를 받는 나라 |

| 독일과 소련은 서로 **침략하지** 않겠다고 약속을 했어요. | · | · | 돈과 같은 재물이 넉넉하다. |

| 나라들은 **총력전**을 펼치며 자신들이 가진 힘을 모두 동원했어요. | · | · | 전체의 모든 힘을 기울여서 하는 전쟁 |

2 밑줄 친 말과 뜻이 비슷한 낱말을 〈보기〉에서 찾아 빈칸에 쓰세요.

〈보기〉

| 약속 | 털어놓다 | 싸움 | 모질다 | 개발하다 |

(1) 의견이 다른 나라들끼리 **분쟁**이 일어나기도 해요. 　　　　＿＿＿＿＿＿＿
서로 물러서지 않고 치열하게 다툼.

(2) 영국은 참호전을 끝내기 위해 탱크를 **발명했어요**. 　　　＿＿＿＿＿＿＿
아직까지 없던 기술이나 물건을 새로 생각하여 만들어 내다.

(3) 일본군은 중국 난징에서 사람들을 **가혹하게** 죽였어요. 　　＿＿＿＿＿＿＿
감당할 수 없을 만큼 몹시 심하다.

(4) 김학순 할머니는 위안부 문제를 처음으로 세상에 **고백했어요**. 　＿＿＿＿＿＿＿
감추어 둔 것을 사실대로 숨김없이 말하다.

(5) 여러 나라들은 전쟁이 다시는 일어나지 않도록 **조약**을 맺었어요. 　＿＿＿＿＿＿＿
국가 간의 합의에 따라 세부적인 내용을 세워 맺은 것

3 다음 문장의 밑줄 친 말을 바르게 고쳐 빈칸에 쓰세요.

(1) 참호전을 반대하는 사람이 점점 <u>느러났어요</u>. 　　　　＿＿＿＿＿＿＿

(2) 아우슈비츠 수용소에서 유대인 <u>학설</u>이 일어났어요. 　　　＿＿＿＿＿＿＿

(3) 여러 나라의 여성들이 일본군 위안부로 <u>끌러갔어요</u>. 　　　＿＿＿＿＿＿＿

(4) 제1차 세계 대전 이전까지는 군인들끼리 전쟁을 <u>치뤘어요</u>. 　　＿＿＿＿＿＿＿

(5) 국제 연합은 <u>자연제해</u>로 큰 피해를 입은 나라를 돕기도 해요. 　＿＿＿＿＿＿＿

2주

1일

전쟁을 기억하는 독일과 일본의 태도

1946년

일본이 전쟁에서 저지른 범죄에 대한 재판이 열렸어요.

2일

아시아와 아프리카의 독립

1955년

인도네시아 반둥에서 아시아와 아프리카의 회의가 열렸어요.

1945년

제2차 세계 대전에서 독일과 일본이 항복했어요.

1950년

한반도에서 6 · 25 전쟁이 일어났어요.

연표를 따라가며 **2주차**에 만날 **전 세계**의 **문화**와 **사건**을 살펴보세요.

3일

**냉전,
미국 VS 소련**

1969년

미국이 소련보다 앞서 달에
사람을 착륙시켰어요.

4일

냉전 속 아시아

1975년

북베트남과 남베트남 사이에서
일어난 베트남 전쟁이 끝났어요.

5일

냉전의 끝

1989년

베를린 장벽이 무너지고,
냉전이 끝났어요.

1991년
소련이 해체되었어요.

독일과 일본은 자신의 '전쟁 범죄'를 어떻게 기억할까요?

1일차 글

세계 문화 발자취

- **1945년** 제2차 세계 대전, 독일과 일본 항복
- **1945년(~1946)** 독일에서 뉘른베르크 재판 개최

- **1946년** 일본에서 도쿄 전범 재판 개최

- **1955년** 아시아·아프리카 회의(반둥 회의) 개최

1 문단 제2차 세계 대전 때 독일은 아우슈비츠를 비롯한 여러 수용소에서 유대인을 고문하거나 독가스실로 끌고 갔어요. **무고한** 유대인들이 이렇게 죽고 말았어요. 전쟁이 끝나자, 사람들을 잔인하게 죽인 독일의 지도자들에 대한 재판이 열렸어요. 수용소로 유대인을 끌고 가는 일을 했던 독일의 군인 **아이히만**은 이 재판에서 말했어요.

"저는 사람을 죽이지 않았어요. 명령은 제가 내린 것이 아니었으니까요. 저는 그저 명령을 따랐을 뿐입니다."

하지만 그는 결국 사형을 선고받았어요. 이후 독일의 총리 **빌리 브란트**는 **희생자**들을 기리는 탑 앞에서 무릎을 꿇고 유대인을 학살한 독일의 잘못을 빌었어요. 이후에도 많은 정치인들이 독일을 대표해 용서를 구했답니다. 또한 독일은 왜 전쟁을 일으켰고, 어떤 범죄를 저질렀는지 학생들에게 가르치고 있어요. 이런 일이 다시는 반복되지 않기를 바라는 마음으로 말이지요.

2 문단 독일이 이렇게 잘못을 인정하는 것과는 다르게 일본은 지금까지도 전쟁에서 일으켰던 문제를 반성하지 않고 있어요. 난징 대학살을 겪었던 사람들은 일본군이 길에 사람이 보이기만 하면 총을 쐈다고 했으며, 6주 동안 30만 명이 일본군에 의해 목숨을 잃었다고 보고 있어요. 하지만 일본은 피해자가 그렇게 많지 않았고, 난징 대학살은 꾸며낸 이야기라고 주장하고 있어요. ㉠심지어 일본군 위안부는 여성들이 스스로 원해서 군대로 간 것이지, 일본은 여성들을 끌고 간 적이 없다고 말하고 있지요. 또한 일본의 역사 교과서에는 일본이 전쟁을 한 건 아시아를 잘 살게 하기 위해서였다고 적고 있어요. 게다가 일본의 지도자들은 전쟁 때 범죄를 저지른 사람들을 기리는 야스쿠니 신사에 가서 **참배**를 하고 그들을 전쟁 영웅으로 떠받들고 있어요.

⚲ 야스쿠니 신사

신사란 신이나 죽은 사람을 모시는 곳이에요. 우리나라와 중국을 비롯한 여러 나라는 일본의 지도자들이 야스쿠니 신사를 참배하는 것을 강력하게 반대해요.

- **무고하다** 아무런 잘못이나 실수가 없는 것을 말해요.
- **희생자** 사고나 자연재해 등으로 안타깝게 목숨을 잃은 사람을 말해요.
- **참배** 무덤이나 기념비 등의 앞에서 죽은 사람을 생각하며 절을 하는 것을 말해요.

오늘의 날짜　　　월　　　일

1

세부 내용

제2차 세계 대전 이후 독일이 한 일이 <u>아닌</u> 것은 무엇인가요?　　　　（　　　）

① 유대인을 죽인 독일의 지도자들을 재판했어요.

② 주어진 일을 열심히 했던 독일 군인들은 용서했어요.

③ 독일의 총리는 유대인을 죽인 독일의 잘못을 빌었어요.

④ 독일이 어떤 범죄를 저질렀는지 학생들에게 가르치고 있어요.

2

세부 내용

희생자들을 기리는 탑에서 독일의 잘못을 빌었던 사람은 누구인가요?　　　（　　　）

① 히틀러　　　　② 아이히만　　　　③ 아우슈비츠　　　　④ 빌리 브란트

3

내용 추론

이 글을 읽고 보인 반응으로 알맞지 <u>않은</u> 것은 무엇인가요?　　　　（　　　）

① 독일과 일본은 전쟁을 대하는 태도가 달라.

② 독일은 자신들의 잘못을 알리고 반성하고 있어.

③ 하지만 독일은 아우슈비츠 수용소에서 일어난 일을 숨기고 있어.

4

어휘 표현

밑줄 친 ㉠과 가장 어울리는 속담은 무엇인가요?　　　　（　　　）

① 고생 끝에 낙이 온다: 어려운 일을 겪은 뒤에는 반드시 좋은 일이 생긴다.

② 닭 잡아먹고 오리발 내놓기: 잘못한 일을 해 놓고 엉뚱한 수작으로 넘기려 한다.

③ 산 입에 거미줄 치랴: 아무리 가난하여도 사람은 그럭저럭 먹고 살아가기 마련이다.

 오늘의 **한** 문장 정리

_____ 이 전쟁의 범죄를 인정하는 것과는 달리 _____ 은 잘못을 반성하지 않고 있어요.

1일차 인터뷰

자문분석 동영상강의

과거를 기억하는 독일과 일본의 차이

오늘의 인터뷰 ▶▶ 독일과 일본, 제2차 세계 대전에 대한 책임을 묻다

진행자 독일과 일본은 제2차 세계 대전 중 많은 사람을 죽이는 등 **반인륜**적인 전쟁 범죄를 저질렀는데요. 전쟁 이후 두 나라의 태도는 많이 다른 것 같습니다. 이 부분에 대해 이야기해 보죠.

독일 히틀러는 아우슈비츠를 비롯한 여러 수용소에 [㉠]을 가두고 목숨을 빼앗았어요.

진행자 네, 저도 정말 인간으로서는 해서는 안 될 짓을 저질렀다고 생각합니다.

독일 맞습니다. 결국 아무 죄 없는 수많은 유대인들이 죽었지요. 전쟁을 일으킨 주요 인물들을 **심판하는** 재판에서 많은 사람이 처벌받은 건 당연한 일이에요. 그래서 저 또한 유대인 희생자 추모비에서 무릎을 꿇고 사과했습니다.

일본 독일은 참 잔인했군요.

독일 뭐라고요? 독일의 히틀러만큼 잔인했던 나라가 일본이었습니다. 일본은 난징 대학살을 일으켜 많은 사람을 잔인하게 죽였죠?

일본 그건 우리 일본의 책임이 아닙니다.

진행자 제가 알기로도 일본은 독일보다 더하면 더했지 덜하진 않았습니다. 게다가 한국인을 비롯한 수많은 여성을 일본군 '[㉡]'라는 이름으로 강제로 데려가 씻을 수 없는 모진 고통을 주었어요.

일본 강제라뇨? 우리 일본은 강제로 데려간 적이 없습니다. 여성들 스스로 지원한 것이에요.

진행자 참 뻔뻔합니다. 그래서 아직도 전쟁을 일으킨 범죄자들의 무덤이 있는 곳에 가서 그들을 **추모하고** 있는 거군요. 일본의 반성하지 않는 모습에 또 한 번 놀랐습니다.

• **반인륜** 사람으로서 마땅히 지켜야 할 인간관계나 질서를 깨뜨리는 사고나 행동을 말해요.
• **심판하다** 어떤 문제나 사람에 대하여 잘잘못을 따져 결정을 내리는 것을 말해요.
• **추모하다** 죽은 사람을 생각하고 그리워하는 것을 말해요.

1 ㉠에 들어갈 알맞은 민족을 골라 ○표 하세요.

| 한국인 | 일본인 | 유대인 | 독일인 |

2주

2 전쟁을 일으킨 주요 인물을 심판한 나라는 어디인가요?　　　　　(　　　　　)

①
🔺 일본

②
🔺 폴란드

③
🔺 독일

④
🔺 중국

3 ㉡에 들어갈 알맞은 말은 무엇인가요?　　　　　(　　　　　)

① 군대　　　　　② 식민지　　　　　③ 지도자　　　　　④ 위안부

4 이 인터뷰를 <u>잘못</u> 이해한 어린이는 누구인가요?　　　　　(　　　　　)

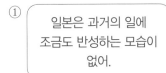

① 일본은 과거의 일에 조금도 반성하는 모습이 없어.

② 독일은 과거의 일에 대해 뉘우치는 모습을 보이고 있어.

③ 일본은 과거에 저지른 일에 대하여 책임을 지고 있어.

2일차 글

1960년은 왜 '아프리카의 해'라고 불릴까요?

세계 문화 발자취

● **1950년(~1953)** 한반도에서 6·25 전쟁 발발

● **1955년** 아시아·아프리카 회의(반둥 회의) 개최

● **1960년** 아프리카 17개 나라 독립(아프리카의 해)

● **1969년** 미국, 아폴로 11호 달 착륙 성공

1 문단 제2차 세계 대전이 끝나자, ⊙전쟁에서 진 독일과 일본의 식민지였던 나라들은 모두 **독립**을 했어요. 하지만 전쟁에서 이긴 영국이나 프랑스 등이 **지배하던** 식민지들은 독립을 하지 못했어요. 이들은 식민지를 계속해서 다스리고 싶어 했지요. 그러자 식민지 사람들은 이들에 맞서기 시작했어요. 영국의 식민지였던 인도는 영국을 돕지 않고 독립운동을 하기 시작했어요. 그리고 끈질긴 노력 끝에 인도는 영국으로부터 독립을 했어요. 프랑스의 식민지였던 베트남은 제2차 세계 대전 중에 잠시 일본의 지배를 받았어요. 이후 일본이 전쟁에서 지자, 프랑스는 다시 베트남을 지배하려고 했어요. 베트남은 이들에 맞서 전쟁을 시작했지요. 베트남의 지도자 **호찌민**이 이끈 군대는 결국 프랑스를 몰아내고 독립에 성공했답니다.

2 문단 이러한 움직임은 아프리카에서도 나타났어요. 베트남의 독립을 본 알제리 사람들도 프랑스와 전쟁을 하였고, 끈질기게 싸운 알제리는 결국 독립을 했어요. 또한 이집트 대통령 **나세르**는 영국군을 몰아내어 영웅으로 떠올랐어요. 이렇게 아프리카의 많은 나라들이 독립을 이루어 냈답니다. 1960년은 아프리카의 17개 나라가 독립을 하여 '아프리카의 해'라고 불리고 있어요.

3 문단 이렇게 여러 나라들의 독립이 이어지고 있을 때, 전 세계는 미국과 소련을 중심으로 여러 나라가 편을 나누어 서로 으르렁대는 '냉전' 상태였어요. 냉전은 무기를 사용한 전쟁을 하지는 않지만 서로 **대립하고** 있는 상태를 말해요. 이때, 오랫동안 다른 나라의 지배를 받았던 아시아와 아프리카의 나라들은 어느 편에도 서지 않겠다고 선언했어요. 이러한 나라들을 가리켜 '제3 세계'라고 해요. 제3 세계는 이후 냉전 시대의 변화에 영향을 주었답니다.

📍 **호찌민**

호찌민은 베트남의 혁명가예요. 사이공이라는 도시는 그의 이름을 따서 이름을 호찌민으로 바꾸었어요.

- **독립** 한 나라가 완전하게 국가의 의사나 정책을 결정하는 권력을 갖는 것을 말해요.
- **지배하다** 어떤 사람이나 집단을 자신의 뜻대로 복종하게 하여 다스리거나 차지하는 것을 말해요.
- **대립하다** 생각이나 의견, 입장이 서로 반대되거나 맞지 않는 것을 말해요.

오늘의 날짜   월   일

1

세부 내용

제2차 세계 대전이 끝난 후 독립을 한 아프리카의 나라는 어디인가요?   (   )

① 인도   ② 베트남   ③ 알제리   ④ 나세르

2

내용 추론

밑줄 친 ㉠에 해당하는 사례로 알맞은 것은 무엇인가요?   (   )

① 유럽은 아프리카 사람들을 노예로 끌고 가서 일을 시켰어요.

② 독일은 제2차 세계 대전 때 유대인들을 죽인 사람들을 재판했어요.

③ 일본의 식민지였던 우리나라는 제2차 세계 대전이 끝난 뒤 독립을 했어요.

3

세부 내용

'아프리카의 해'가 의미하는 것은 무엇인가요?   (   )

① 나세르 대통령이 태어난 해

② 아프리카에서 두 번째로 큰 나라인 알제리

③ 아프리카의 17개 나라가 독립을 한 1960년

④ 베트남이 독립한 것을 보고 감탄한 알제리 사람들

4

어휘 표현

다음 빈칸에 들어갈 알맞은 말을 이 글에서 찾아 쓰세요.

> 영국의 식민지였던 인도는 영국에 맞서 ＿＿＿＿＿＿＿＿＿＿ 운동을 했어요.

 오늘의 **한** 문장 정리

제2차 세계 대전이 끝나고 ＿＿＿＿＿＿＿＿＿＿ 과 일본의 식민지였던 나라들이 독립을 했어요.

2일차
신문기사

★ ★ ★ ★
제3 세계, 냉전의 중심에서 평화를 외치다

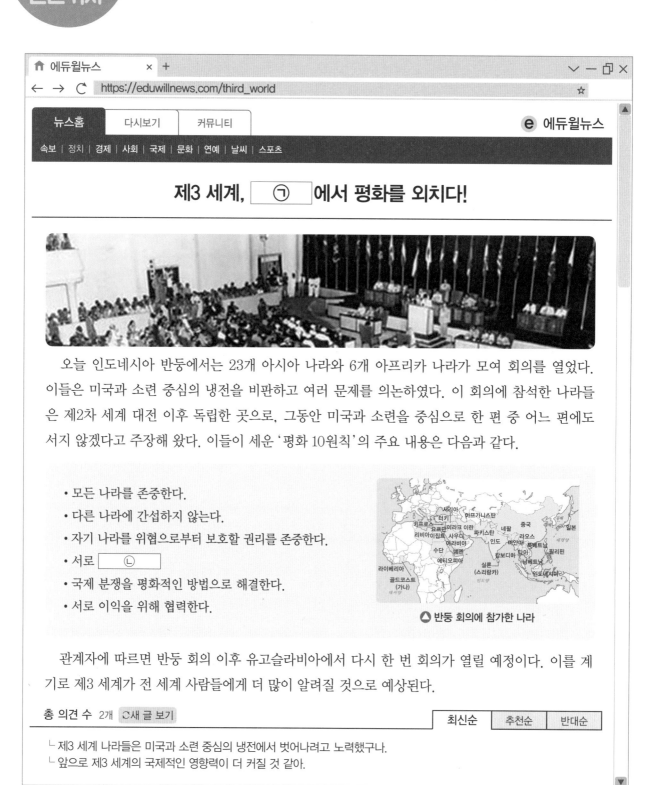

🏠 에듀윌뉴스 ✕ + ∨ − ▱ ✕

← → C https://eduwillnews.com/third_world ☆

뉴스홈　　다시보기　　커뮤니티　　　　　　　　　　　　ⓔ 에듀윌뉴스

속보 | 정치 | 경제 | 사회 | 국제 | 문화 | 연예 | 날씨 | 스포츠

제3 세계, [㉠]에서 평화를 외치다!

오늘 인도네시아 반둥에서는 23개 아시아 나라와 6개 아프리카 나라가 모여 회의를 열었다. 이들은 미국과 소련 중심의 냉전을 비판하고 여러 문제를 의논하였다. 이 회의에 참석한 나라들은 제2차 세계 대전 이후 독립한 곳으로, 그동안 미국과 소련을 중심으로 한 편 중 어느 편에도 서지 않겠다고 주장해 왔다. 이들이 세운 '평화 10원칙'의 주요 내용은 다음과 같다.

- 모든 나라를 존중한다.
- 다른 나라에 간섭하지 않는다.
- 자기 나라를 위협으로부터 보호할 권리를 존중한다.
- 서로 [㉡]
- 국제 분쟁을 평화적인 방법으로 해결한다.
- 서로 이익을 위해 협력한다.

🔺 반둥 회의에 참가한 나라

관계자에 따르면 반둥 회의 이후 유고슬라비아에서 다시 한 번 회의가 열릴 예정이다. 이를 계기로 제3 세계가 전 세계 사람들에게 더 많이 알려질 것으로 예상된다.

총 의견 수 2개 ↻새 글 보기　　　　　　　　　　　　　　　　최신순　｜　추천순　｜　반대순

└ 제3 세계 나라들은 미국과 소련 중심의 냉전에서 벗어나려고 노력했구나.
└ 앞으로 제3 세계의 국제적인 영향력이 더 커질 것 같아.

1 ㉠에 들어갈 알맞은 지역을 골라 ○표 하세요.

| 반둥 | 방콕 | 서울 | 카이로 |

2 제3 세계에 속하지 <u>않는</u> 나라는 어디인가요?   (   )

① 인도   ② 미국   ③ 이집트   ④ 유고슬라비아

3 ㉡에 들어갈 알맞은 내용은 무엇인가요?   (   )

① 침략하지 않는다.
② 신무기로 공격한다.
③ 끊임없이 경쟁한다.
④ 대화를 하지 않는다.

4 이 기사에 대한 내용으로 맞으면 ○표, 틀리면 ×표 하세요.

(1) 반둥 회의 이후 회의가 또 열릴 예정이에요.   (   )
(2) 인도네시아에서 열린 회의에는 10개의 나라가 참여했어요.   (   )
(3) 인도네시아에서 열린 회의에 참여한 나라들은 냉전을 비판했어요.   (   )

3일차 글

인류 최초로 달에 간 나라는 어디일까요?

세계 문화 발자취

● 1945년 미국, 원자 폭탄 개발

● 1949년 소련, 원자 폭탄 개발

● 1957년 소련, 세계 최초 인공위성 발사 성공

스푸트니크 1호

● 1969년 미국, 아폴로 11호 달 착륙 성공

1문단 제2차 세계 대전이 끝난 후 세계는 미국과 소련, 두 편으로 나뉘게 되었어요. 전쟁이 일어나지는 않았지만 **팽팽하게** 맞서는 냉전 상태가 지속되었어요. 미국과 소련은 이러한 상황에서 치열하게 경쟁할 수밖에 없었어요. 두 나라는 서로 더 뛰어난 무기를 만들려고 했어요. 미국이 일본에 원자 폭탄을 떨어뜨리는 것을 본 소련은 4년 만에 원자 폭탄을 **개발했어요**. 이후 미국이 원자 폭탄보다 훨씬 더 강력한 수소 폭탄을 내놓자 뒤이어 소련도 수소 폭탄을 개발하기도 했어요. 뿐만 아니라 두 나라는 '누가 먼저 우주에 갈 수 있는가'를 놓고 힘을 **겨루었어요**. 소련은 세계 최초로 인공위성 '스푸트니크 1호'를 쏘아 올려 세계를 깜짝 놀라게 했고, 뒤이어 '스푸트니크 2호'에는 강아지 라이카를 태워 우주로 보냈어요. 4년 후에는 '보스토크 1호'에 사람을 태워 우주로 보내는 데 성공했어요. 미국은 이러한 소련의 성공에 크게 자존심이 상했어요. 그동안 미국은 소련보다 기술이 훨씬 앞서있다고 생각했기 때문이에요. 위기를 느낀 미국은 엄청난 돈을 들여 미국 항공우주국 나사(NASA)를 만들었어요.

"소련을 앞서서, 우리는 달에 사람을 보내자!"

그리고 미국은 **닐 암스트롱**을 달로 보냈고, 그는 인류 최초로 달에 발자국을 남기게 되었어요.

2문단 이렇게 불꽃 튀는 경쟁을 했던 미국과 소련은 서로가 무슨 일을 하는지 알아내기 위해 첩보 작전을 쓰기도 했답니다. 첩보란 적의 내부에 몰래 들어가 적의 정보를 알려주는 것을 말해요. 흔히 스파이라고도 하지요. 그래서 냉전 시대의 미국과 소련의 첩보 작전을 배경으로 한 드라마나 영화가 지금까지도 많이 만들어지고 있어요. 많은 사람들에게 사랑받고 있는 〈007 시리즈〉가 바로 이러한 첩보 영화 중 하나랍니다.

📍 라이카

모스크바 시내를 떠돌던 라이카는 소련의 연구원에게 발견되어 최초로 우주로 간 강아지가 되었어요.

• **팽팽하다** 둘의 힘이 서로 엇비슷한 것을 말해요.
• **개발하다** 새로운 물건을 만들거나 새로운 생각을 내놓는 것을 말해요.
• **겨루다** 서로 버티어 승부를 다투는 것을 말해요.

오늘의 날짜　　　**월**　　　**일**

1

세부 내용

이 글의 내용으로 알맞지 <u>않은</u> 것은 무엇인가요?　　　（　　　）

① 소련은 나사(NASA)를 만들었어요.

② 미국과 소련은 첩보 작전을 쓰기도 했어요.

③ 소련은 수소 폭탄을 만드는 데 성공했어요.

④ 제2차 세계 대전이 끝난 후 세계는 미국과 소련, 두 편으로 나뉘었어요.

2

내용 추론

이 글을 읽고 보인 반응으로 알맞은 것은 무엇인가요?　　　（　　　）

① 미국과 소련의 경쟁을 '우주 경쟁'이라 부를 수 있겠어.

② 미국과 소련은 제2차 세계 대전 이후 사이가 아주 좋았을 거야.

③ 오늘날에는 미국과 소련의 첩보 작전을 다룬 영화를 찾기 어려워.

3

내용 추론

다음 중 이 글의 내용과 <u>다른</u> 문장은 무엇인가요?　　　（　　　）

① 냉전 시대에 미국과 소련이 우주에 먼저 가기 위해서 경쟁을 벌였어요. ② 결국 소련이 인공위성 스푸트니크를 쏘아 올리면서 먼저 우주로 가게 되었어요. ③ 스푸트니크에 처음으로 사람을 태워 보내는 데 성공한 것이에요. ④ 이것을 본 미국은 닐 암스트롱을 달로 보냈어요.

4

어휘 표현

빈칸에 들어갈 알맞은 말을 이 글에서 찾아 쓰세요.

미국과 소련은 서로 더 뛰어난 무기를 ＿＿＿＿＿＿＿＿ 하기 위해 경쟁했어요.

🐵 오늘의 **한** 문장 정리

미국과 소련은 무기 개발과 ＿＿＿＿＿＿＿＿ 에 가는 것을 두고 치열하게 경쟁했어요.

3일차
백과사전

차가운 냉전 속 뜨거운 경쟁

🏠 에듀윌백과사전 × +

← → C https://encyeduwill.com/coldwar ☆

ⓔ 에듀윌백과사전 냉전 🔍 ☰

▢ ㉠ ▢ 속 미국과 소련의 경쟁

제2차 세계 대전 이후 전 세계는 미국의 영향을 받는 편과 소련의 영향을 받는 편으로 나뉘었어요. 두 편은 무기를 들고 싸우지는 않았지만 여러 분야에서 치열하게 경쟁했죠. 그래서 이 시기의 국제 질서를 총소리가 없는 '차가운 전쟁'이라는 뜻의 냉전이라고 불렀답니다.

소련

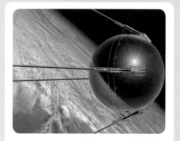

소련은 세계 최초로 첫 인공위성 발사에 성공했어요.

우주 경쟁

미국과 소련은 우주로 가기 위한 기술 개발에 힘썼어요. 이 기술은 군사력과 관계가 있었고, 두 나라의 자존심이 걸린 싸움이었어요. 소련이 먼저 스푸트니크라는 인공위성을 쏘아 올려 경쟁이 시작되었고, 이후 두 나라는 치열한 우주 경쟁을 벌였어요.

미국

미국은 인류 최초로 달에 착륙했어요.

소련은 원자 폭탄 개발 후 더 강한 수소 폭탄 개발에 성공했고, 인류 최초로 미사일을 개발했어요.

무기와 광고 경쟁

미국이 일본에 원자 폭탄을 떨어뜨린 지 4년 만에 소련도 원자 폭탄 개발에 성공했어요. 또한 미국과 소련은 군사력으로 상대방을 이기기 위해 무기를 계속 개발했어요. 뿐만 아니라 두 나라는 라디오, 영화, 책, 텔레비전 등을 활용하여 상대방을 비판하기도 했어요.

미국은 잠수함에서도 발사할 수 있는 미사일을 개발해서 소련에게 지지 않으려고 했어요.

• 군사력 군대의 인원, 무기, 경제력을 합한 전쟁을 치를 수 있는 힘을 말해요.

1 ㉠에 들어갈 알맞은 말은 무엇인가요?   (   )

① 감전   ② 냉전   ③ 사전   ④ 정전

2 이 백과사전에 대한 내용으로 맞으면 ○표, 틀리면 ×표 하세요.

(1) 소련은 세계 최초로 미사일을 개발했어요.   (   )

(2) 소련은 미국보다 먼저 원자 폭탄 개발에 성공했어요.   (   )

(3) 미국과 소련은 라디오, 영화 등을 활용하여 상대방을 비판했어요.   (   )

3 인류 최초로 첫 인공위성 발사에 성공한 나라는 어디인가요?   (   )

① 미국   ② 소련   ③ 인도   ④ 이집트

4 인류 최초로 달에 착륙한 나라는 어디인가요?   (   )

①
🔺영국

②
🔺프랑스

③
🔺미국

④
🔺독일

4일차 글

아시아에서는 왜 전쟁이 이어졌을까요?

세계 문화 발자취

- 1945년 제2차 세계 대전, 독일과 일본 항복
- 1950년(~1953) 6·25 전쟁

- 1964년(~1975) 베트남 전쟁

- 1989년 베를린 장벽 붕괴

1문단 제2차 세계 대전이 끝나고 드디어 평화가 찾아오나 했지만, 세계는 냉전 시대였어요. 미국은 사람들에게 자유를 주고, 각자의 능력에 따라 돈을 벌 수 있는 나라를 만들려고 했어요. 대신 능력에 따라 부자와 가난한 사람이 나타나는 게 문제였지요. 반대로 소련은 모든 사람이 재산을 **공평하게** 나누어 갖는 나라를 원했어요. 그래서 사람들은 자기 돈을 가질 수 없었고, 자유와 생각은 억눌리게 되었어요. 아시아는 이러한 냉전 속에서 미국과 소련의 생각을 따라 두 편으로 나뉘어 싸우게 되었답니다.

2문단 중국에서는 미국의 생각을 따른 **장제스**의 편과 소련의 생각을 따르는 **마오쩌둥**의 편으로 나뉘어 전쟁이 일어났어요. 처음에는 미국의 도움을 받은 장제스 편이 이기는 듯했어요. 하지만 '모든 국민이 **평등하게** 잘 살 수 있다.'라는 말에 사람들은 마오쩌둥을 응원하기 시작했고, 결국 마오쩌둥이 승리하게 되었지요. 이후 마오쩌둥은 중화 인민 공화국(중국)을 세워 중국을 대표하는 인물이 되었어요.

3문단 한반도에서는 소련의 생각을 따른 북한이 남한을 먼저 **기습**하면서 6·25 전쟁이 일어났어요. 남한은 미국을 포함한 여러 나라와 국제 연합의 군대가 도와주었어요. 북한은 소련과 중국이 도와주어 맞서게 되었어요. 결국 이 전쟁은 남과 북이 다시 나뉘는 결과를 ⑦ .

4문단 베트남 역시 남과 북으로 나뉘어 전쟁을 했어요. 호찌민이 이끄는 북베트남은 소련과 같은 나라를 만들려고 했어요. 그리고 미국은 남베트남을 도와주기로 했어요. 이때 한국, 호주, 필리핀 등 여러 나라가 미국을 돕기 위해 베트남에 갔지요. 하지만 결국 호찌민이 이끄는 북베트남군이 이겼답니다.

◎ 마오쩌둥

톈안먼(천안문)에는 마오쩌둥의 거대한 초상화가 걸려 있어요.

- **공평하다** 어느 쪽으로도 치우치지 않고 고른 것을 말해요.
- **평등하다** 권리, 의무, 자격 등이 차별 없이 고르고 한결같은 것을 말해요.
- **기습** 적이 생각지 않았던 때에, 갑자기 공격하는 것을 말해요.

1

세부 내용

소련의 생각을 따랐던 사람은 누구인가요?   (   )

① 나세르   ② 장제스   ③ 마오쩌둥

2

세부 내용

냉전 시대에 미국과 같은 생각을 가졌던 나라에 ○표 하세요.

| 소련 | 북한 | 남베트남 |

3

내용 추론

냉전 시대에 살고 있는 사람들의 대화로 알맞지 <u>않은</u> 것은 무엇인가요?   (   )

① 민: 우리 베트남은 남과 북으로 나뉘었지.

② 빅토르: 소련에 사는 나는 성실하게 일해서 돈을 많이 모았어.

③ 앤드류: 미국에 사는 나는 내 능력을 펼치며 돈을 많이 벌고 있어.

④ 진명: 중국에 사는 나는 소련의 생각을 따르는 마오쩌둥을 응원해.

4

어휘 표현

㉠에 들어갈 알맞은 말은 무엇인가요?   (   )

① 낫어요   ② 났어요   ③ 나았어요   ④ 낳았어요

😊 오늘의 **한** 문장 정리

    냉전 시대에 아시아는 미국과 _____ 의 생각에 따라 두 편으로 나뉘어 싸우게 되었어요.

4일차
온라인 전시회

지문분석 동영상강의

아시아에서 펼쳐진 냉전의 모습

QR코드를 찍어 아시아에서 나타난 냉전에 대해 알아보아요.

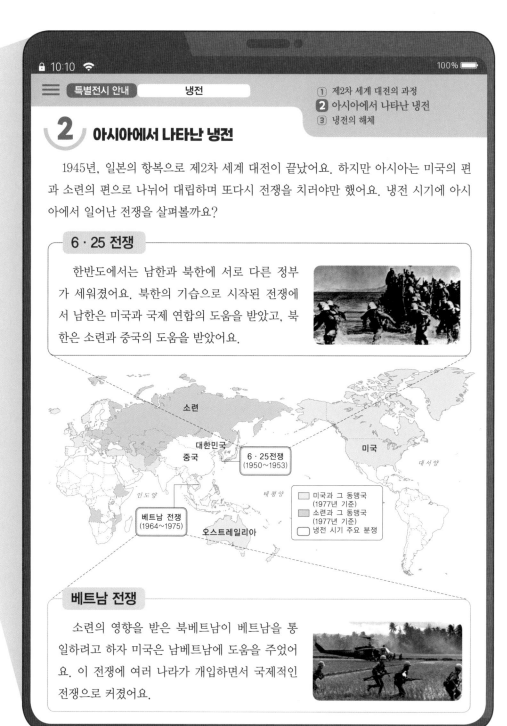

🔒 10:10 📶   100% 🔋

≡ **특별전시 안내**   **냉전**

① 제2차 세계 대전의 과정
② 아시아에서 나타난 냉전
③ 냉전의 해체

2 아시아에서 나타난 냉전

1945년, 일본의 항복으로 제2차 세계 대전이 끝났어요. 하지만 아시아는 미국의 편과 소련의 편으로 나뉘어 대립하며 또다시 전쟁을 치러야만 했어요. 냉전 시기에 아시아에서 일어난 전쟁을 살펴볼까요?

6 · 25 전쟁

한반도에서는 남한과 북한에 서로 다른 정부가 세워졌어요. 북한의 기습으로 시작된 전쟁에서 남한은 미국과 국제 연합의 도움을 받았고, 북한은 소련과 중국의 도움을 받았어요.

소련

대한민국
중국

6 · 25전쟁
(1950~1953)

미국

대서양

인도양

태평양

베트남 전쟁
(1964~1975)

오스트레일리아

☐ 미국과 그 동맹국
(1977년 기준)
■ 소련과 그 동맹국
(1977년 기준)
◯ 냉전 시기 주요 분쟁

베트남 전쟁

소련의 영향을 받은 북베트남이 베트남을 통일하려고 하자 미국은 남베트남에 도움을 주었어요. 이 전쟁에 여러 나라가 개입하면서 국제적인 전쟁으로 커졌어요.

오늘의 날짜   월   일

1 다음 (   ) 안에 들어갈 알맞은 말을 골라 ○표 하세요.

> 6·25 전쟁은 (**남한** , **북한**)의 기습으로 시작되었어요.

2 이 전시에 대한 내용으로 맞으면 ○표, 틀리면 ×표 하세요.

⑴ 베트남 전쟁에서 소련은 남베트남에 도움을 주었어요.   (   )

⑵ 베트남 전쟁은 여러 나라가 개입하면서 국제적인 전쟁으로 커졌어요.   (   )

3 베트남 전쟁에서 미국의 편이었던 나라는 어디인가요?   (   )

① 소련   ② 북베트남   ③ 남베트남   ④ 아프리카

4 6·25 전쟁에서 같은 편이었던 나라끼리 알맞게 짝지어진 것은 무엇인가요?   (   )

	남한	북한
①	소련, 중국	미국, 국제 연합
②	미국, 중국	소련, 국제 연합
③	미국, 국제 연합	소련, 중국
④	소련, 국제 연합	미국, 중국

5일차 글

독일 땅 한가운데에 기다란 벽이 있었다고요?

세계 문화 발자취

- 1979년 미국과 중국, 외교 관계 시작
- 1989년 베를린 장벽 붕괴

- 1990년 독일 통일
- 1991년 소련 해체

1 문단 제2차 세계 대전이 끝나고, 전쟁을 일으켰던 독일은 여러 나라가 나누어 다스리게 되었어요. 미국, 영국, 프랑스는 독일의 서쪽인 '서독'을, 소련은 독일의 동쪽인 '동독'을 다스리게 되었지요. 서독 사람들은 자유를 누리며 살았지만, 소련의 지배를 받는 동독 사람들은 감시를 받았어요. 또 소련은 모든 돈을 나라에서 관리했기 때문에 동독 사람들은 일을 열심히 해도 부자가 될 수 없었지요. 동독 사람들은 점차 동독을 탈출해 서독으로 넘어가기 시작했어요. ⟨ ㉠ ⟩ 이를 막기 위해 동독과 서독 사이에는 길이가 무려 40km가 넘는 베를린 **장벽**이 세워졌어요.

2 문단 그러던 중 냉전을 끝낼 사람이 소련에 등장했어요. 소련에 새 지도자 **고르바초프**가 나타난 것이에요. 그는 가장 먼저 소련의 경제를 살려야 한다고 했어요. 열심히 일을 해도 나라에서 돈을 다 가져가니 사람들은 점점 더 살기 어려워졌고, 일을 열심히 하고 싶어 하지 않았거든요. 또 미국과 무기를 개발하는 경쟁을 하면서 나라의 돈을 전부 무기 개발에 쓰고 있었지요. 그래서 고르바초프는 사람들의 자유를 인정해 주고, 다른 나라의 문화를 받아들이기 시작했어요. 또 무기를 개발하는 것을 멈추겠다고 했어요. 이때, 소련의 15개의 나라 중에 폴란드, 헝가리, 체코 등이 소련에서 **탈퇴하겠다고** 선언했어요. 그러자 동독 사람들도 영향을 받았어요. 많은 동독 사람들은 저마다 망치와 곡괭이를 들고 베를린 장벽으로 몰려갔지요.

"이 장벽을 모두 부수어 버립시다!"

사람들은 망치로 벽을 깨기 시작했어요. 벽이 허물어지자 동독과 서독 사람들 모두가 얼싸안고 환호했어요. 그로부터 1년 뒤 독일은 통일을 하게 되었고, 소련은 **해체되었어요.** 이렇게 냉전 시대를 상징하던 베를린 장벽이 무너지면서 길었던 냉전이 막을 내리게 되었답니다.

📍 **미하일 고르바초프**

정상회담에서 미국의 조지 부시 대통령과 길었던 냉전을 끝낸 인물이에요.

- **장벽** 길게 쌓은 성벽을 말해요.
- **탈퇴하다** 소속해 있던 조직이나 단체에서 관계를 끊고 나오는 것을 말해요.
- **해체되다** 체제나 조직 등이 무너지는 것을 말해요.

오늘의 날짜　　　　월　　　일

1

세부 내용

고르바초프가 한 일은 무엇인가요?　　　　　　　　　（　　　　　）

① 베를린 장벽을 만들었어요.

② 나라의 돈을 전부 관리했어요.

③ 미국과 함께 무기를 개발했어요.

④ 사람들의 자유를 인정하고, 소련의 경제를 살리려고 했어요.

2

세부 내용

다음이 설명하는 것이 무엇인지 이 글에서 찾아 쓰세요.

- 길이가 무려 40km가 넘어요.
- 서독으로 넘어가는 사람을 막기 위해 만들어졌어요.
- 이것이 허물어지자 동독과 서독 사람들이 기뻐했어요.

_____

3

어휘 표현

㉠에 들어갈 가장 알맞은 말은 무엇인가요?　　　　　　（　　　　　）

① 한편　　　　② 그래서　　　　③ 그러나　　　　④ 예를 들어

4

내용 요약

이 글을 읽고 다음 내용을 일어난 순서대로 알맞게 기호를 쓰세요.

(가) 소련에 새 지도자 고르바초프가 등장했어요.

(나) 동독과 서독 사이에 베를린 장벽이 세워졌어요.

(다) 베를린 장벽이 무너지고 독일이 통일을 하게 되었어요.

（　　　　　）➡（　　　　　）➡（　　　　　）

😊 오늘의 **한** 문장 정리

동독과 _____ 사이에 있던 베를린 장벽이 무너지며 냉전이 끝났어요.

5일차
카드뉴스

지문분석 동영상강의

냉전, 그 끝을 향하여

01 닉슨의 발표

미국의 닉슨 대통령은 베트남 전쟁을 하고 있는 미군을 **철수**시켰어요.

02 화해의 시작

미국과 중국은 처음으로 외교 관계를 맺었어요.

03 소련의 개혁·개방 정책

소련의 고르바초프는 자유를 확대하고 경제를 발전시키려고 했어요.

04 독일 통일

냉전의 상징이었던 베를린 장벽이 무너지고, 동독과 서독이 통일을 이루었어요.

05 소련 해체

소련을 구성하는 여러 나라에서 독립의 움직임이 일어나자 소련이 해체되었어요.

06 동유럽의 민주화 운동

동유럽의 폴란드, 헝가리 등은 민주화 운동을 통해 정부를 바꾸었어요.

• **철수** 있던 곳에서 시설이나 장비 등을 거두어 가지고 물러나는 것을 말해요.

오늘의 날짜   월   일

2주

1 이 카드뉴스의 주제는 무엇인가요?   (   )

① 냉전이 끝나는 과정
② 냉전이 시작되는 과정
③ 미국과 소련의 냉전 모습
④ 베르사유 조약으로 인한 독일의 변화

2 다음 빈칸에 들어갈 알맞은 인물을 이 카드뉴스에서 찾아 쓰세요.

> 미국의 ＿＿＿＿＿＿＿＿＿ 대통령은 베트남에서 베트남 전쟁을 하고 있는 미군
> 을 철수시켰어요.

3 이 카드뉴스에 대한 내용으로 맞으면 ○표, 틀리면 ×표 하세요.

(1) 동유럽에서 민주화 운동이 일어났어요.   (   )
(2) 베를린 장벽이 무너지면서 동독과 서독이 통일을 이루었어요.   (   )

4 이 카드뉴스를 읽고 다음 내용을 일어난 순서대로 알맞게 기호를 쓰세요.

> (가) 소련이 해체되었어요.
> (나) 베를린 장벽이 무너졌어요.
> (다) 미국이 베트남에서 미군을 철수시켰어요.
> (라) 소련이 자유를 확대하면서 경제가 발전했어요.
> (마) 미국이 중국과 처음으로 외교 관계를 맺었어요.
> (바) 폴란드, 헝가리 등이 민주화 운동을 통해 정부를 바꾸었어요.

(   ) ➡ (   ) ➡ (   ) ➡ (   ) ➡ (   ) ➡ (   )

1 밑줄 친 말의 뜻을 알맞게 줄로 이으세요.

독일의 총리는 **희생자**를 기리는
탑 앞에서 용서를 빌었어요.
·   ·
사고나 자연재해 등으로
안타깝게 목숨을 잃은 사람

베를린 **장벽**이 허물어지자
사람들은 환호했어요.
·   ·
어떤 문제나 사람에 대하여
잘잘못을 따져 결정을 내리다.

독일과 일본은 전쟁 중에
반인륜적인 행동을 했어요.
·   ·
길게 쌓은 성벽

여러 나라가 소련에서
탈퇴하겠다고 선언했어요.
·   ·
소속해 있던 조직이나 단체에서
관계를 끊고 나오다.

일본은 전쟁 때 범죄를
저지른 사람들을 **추모해요**.
·   ·
사람으로서 지켜야 할 인간관
계나 질서를 깨뜨리는 행동

독일은 전쟁을 일으킨
사람들을 **심판했어요**.
·   ·
죽은 사람을 생각하고
그리워하다.

2 밑줄 친 말과 뜻이 비슷한 낱말을 〈보기〉에서 찾아 빈칸에 쓰세요.

〈 보기 〉

| 떳떳하다 | 맞서다 | 무너지다 | 평등하다 | 격하다 |

(1) 베를린 장벽이 무너지고 소련은 **해체되었어요**. _____
   체제나 조직 등이 무너지다.

(2) **무고한** 유대인들이 수용소에서 고문을 당했어요. _____
   아무런 잘못이나 실수가 없다.

(3) 냉전 시대에 미국과 소련은 **치열하게** 경쟁했어요. _____
   기세가 타오르는 불꽃같이 몹시 사납고 세차다.

(4) 냉전은 전쟁을 하지 않지만 서로 **대립하고** 있는 상태예요. _____
   생각이나 의견, 입장이 서로 반대되거나 맞지 않다.

(5) 마오쩌둥은 모두가 **공평하게** 재산을 나누어 갖는 나라를 원했어요. _____
   어느 쪽으로도 치우치지 않고 고르다.

3 다음 (   ) 안에 들어갈 알맞은 말을 골라 ○표 하세요.

(1) 미국은 인류 최초로 달에 (**착륙했어요** , **착취했어요**).

(2) (**팽팽하게** , **평평하게**) 맞서는 냉전 상태가 지속되었어요.

(3) 소련의 지배를 받는 동독 사람들은 (**감시** , **감지**)를 받았어요.

(4) 남한과 북한에 서로 다른 정부가 (**새워졌어요** , **세워졌어요**).

(5) 미국과 소련은 서로 무슨 일을 하는지 알아내기 위해 (**홍보** , **첩보**) 작전을 썼어요.

보물 찾기 모험

🗡️ 해적이 보물을 찾으려 해요. 보물함까지 알맞은 길을 찾아 줄을 그어요.

숨은 그림 찾기

🪐 아래 상자 안의 그림들이 큰 그림에 숨어 있어요. 숨은 그림들을 찾아 ◯표 하세요.

3  주

1일

대중 매체와
대중문화

1962년

비틀스가 영국에서 첫 번째
노래를 발표했어요.

2일

중국의 발전과
문제점

1989년

중국에서 민주화를 요구하는
톈안먼 사건이 일어났어요.

1966년
중국에서 문화 대혁명이
일어났어요.

연표를 따라가며 **3주차**에 만날 **전 세계의 문화와 사건**을 살펴보세요.

3일

세계화가
가져온 변화

1993년

유럽 연합(EU)이 생기고
유럽이 통합되었어요.

4일

지역 분쟁과
난민 문제

1998년

동유럽 세르비아의 코소보
지역에서 전쟁이 일어났어요.

5일

반전 평화 운동

2003년

미국─이라크 전쟁을
반대하는 시위가 일어났어요.

2001년

미국에 9 · 11 테러가
일어났어요.

1일차

글

어떻게 많은 사람들이 같은 문화를 즐기게 되었나요?

세계 문화 발자취

- **1946년** 엘비스 프레슬리, 미국에서 첫 번째 노래 발표

- **1962년** 비틀스, 영국에서 첫 번째 노래 발표

- **1965년** 비틀스, 영국 여왕으로부터 훈장을 받음.

1 문단 제2차 세계 대전 이후 세계 여러 나라의 경제가 성장하고 기술이 발달했어요. 그래서 사회가 안정되고 물질적으로 **풍요로워**졌어요. 또한 사람들의 교육 수준도 올라가게 되었고, 민주주의가 발전하면서 사람들의 정치적 **영향력**도 커졌어요. 이렇게 많은 사람들, 즉 대중의 힘이 커지는 데는 대중 매체가 큰 역할을 했어요. 사람들은 라디오, 텔레비전, 인터넷과 같은 대중 매체를 통해 정보를 얻고 생각을 서로 나누었어요.

2 문단 대중 매체의 발달 덕분에 몇몇 사람만 즐기던 문화생활을 모두가 누릴 수 있게 되었어요. 이렇게 모두가 쉽게 접하고 즐길 수 있는 문화를 '대중문화'라고 해요. 우리가 라디오에서 흘러나오는 유행가를 따라 부르는 것, 텔레비전 앞에 앉아 드라마를 보는 것도 대중 매체가 없던 과거에는 상상하기 어려운 일이었죠. 영국의 전설적인 밴드, 비틀스가 세계적인 인기를 얻게 된 것도 대중 매체 덕분이에요.

"비틀스는 영국을 정복했습니다. 이제 미국 차례입니다!"

비틀스가 미국에 도착하자 텔레비전에서 흘러나온 말이었어요. 수많은 사람들이 비틀스의 모습을 지켜본 것과 전 세계가 같은 노래에 열광하는 것에서 대중 매체와 대중문화의 힘을 느낄 수 있답니다.

3 문단 하지만 대중문화가 발달하면서 문제가 생기게 되었어요. 특정 문화가 대중 매체를 통해 전 세계에 퍼지게 되면서 각 지역의 문화가 자신들만의 ⬚ ㉠ ⬚을 잃고 서로 같아지는 현상이 일어난 것이에요. 이러한 현상을 한 미술가가 비판하기도 했어요. 미국의 미술가 **앤디 워홀**은 유명한 사람이나 일상에서 쉽게 볼 수 있는 상품을 반복적으로 **복제한** 그림을 선보였어요. 그는 반복적인 이미지를 통해 서로 똑같아진 대중문화를 표현했답니다.

📍앤디 워홀

앤디 워홀은 '팝 아트'라는 장르를 만들었어요. 그는 미국의 수프 캔과 콜라 병 등 유명한 상품을 주로 그렸어요.

- **풍요롭다** 매우 많아서 넉넉함이 있는 것을 말해요.
- **영향력** 어떤 것의 효과나 작용이 다른 것에 미치는 힘을 말해요.
- **복제하다** 원래의 것과 똑같은 것을 만드는 것을 말해요.

오늘의 날짜   월   일

1
중심 내용

1 문단 의 중심 내용은 무엇인가요?   (   )

① 경제 성장   ② 라디오의 발명   ③ 대중 매체의 발달

2
세부 내용

대중문화가 만들어진 배경으로 옳지 않은 것은 무엇인가요?   (   )

① 경제가 성장하고 기술이 발달했어요.
② 일부 사람이 문화생활을 혼자만 누리려고 했어요.
③ 라디오, 텔레비전, 인터넷 등의 대중 매체가 발달했어요.
④ 민주주의가 발달하여 사람들의 정치적 영향력이 커졌어요.

3
내용 추론

2 문단 을 읽고 보인 반응으로 알맞지 않은 것은 무엇인가요?   (   )

① 비틀스의 노래는 영국 사람들만 쉽게 접할 수 있었어.
② 비틀스는 대중 매체를 통해 전 세계 사람들에게 알려질 수 있었어.
③ 많은 사람들이 비틀스의 노래를 좋아하는 것도 대중 매체 덕분이야.

4
어휘 표현

㉠에 들어갈 알맞은 말은 무엇인가요?   (   )

① 특권   ② 특급   ③ 특징   ④ 특강

🤖 오늘의 한 문장 정리

_____ 가 발달하면서 모두가 쉽게 접하고 즐길 수 있는 대중문화가 생겨났어요.

1일차
신문기사

지문분석 동영상강의

자유를 향한 뜨거운 열기, 우드스톡 축제!

🏠 에듀윌뉴스   × +

← → C   https://eduwillnews.com/Woodstock ☆

뉴스홈   다시보기   커뮤니티   e 에듀윌뉴스

속보 | 정치 | 경제 | 사회 | 국제 | 문화 | 연예 | 날씨 | 스포츠

반전, 평화, ⊙ 을/를 외친 우드스톡 축제 현장을 가다

우드스톡 축제가 8월 15일부터 17일까지 미국 뉴욕에서 열렸다. 나쁜 날씨에도 불구하고 별다른 사고 없이 축제는 **성황리**에 끝났다. 이곳에 모인 젊은이들은 **반전**, 자유, 평화를 외치며 축제 기간 동안 공연을 즐겼다. 평화를 상징하는 꽃을 단 여성, 자유를 상징하는 긴 머리를 한 청년 등 젊은이들은 자신의 생각을 다양하게 표현했다.

특히 이번 축제에는 미국 가수인 밥 딜런이 참가했다. 그는 노래를 통해 반전, 저항의 메시지를 전 세계 사람들에게 알렸다. 특히 〈바람에 실려서〉라는 노래 가사에는 평화를 바라는 밥 딜런의 마음이 잘 담겨 있다. 한 관계자는 '앞으로 매년 축제를 열 계획이며, 우드스톡 축제가 젊은이들의 탈출구가 되었으면 좋겠다.'라고 밝혔다.

〈바람에 실려서〉
얼마나 더 많이 써야 폭탄이 세상에서 사라질 수 있을까
얼마나 큰 귀를 가져야 아이들의 울음소리를 들을 수 있을까
얼마나 더 많은 사람이 죽어야 너무 많이 죽었음을 깨닫게 될까

• **성황리** 모임 등에 사람이 많이 모여 활기차고 성대한 상황을 이룬 것을 말해요.
• **반전** 전쟁에 반대하는 것을 말해요.

1 ㉠에 들어갈 알맞은 말을 골라 ○표 하세요.

배신	자유	전쟁	성차별

2 우드스톡 축제에 참가한 가수는 누구인가요? (   )

① 비틀스
② 밥 딜런
③ 찰리 채플린
④ 엘비스 프레슬리

3 이 기사에 대한 내용으로 맞으면 ○표, 틀리면 ×표 하세요.

(1) 우드스톡 축제는 3일 동안 열렸어요. (   )

(2) 우드스톡 축제는 영국 런던에서 열렸어요. (   )

(3) 밥 딜런은 노래 가사에 평화를 바라는 마음을 담았어요. (   )

4 다음 빈칸에 들어갈 말로 알맞지 <u>않은</u> 것은 무엇인가요? (   )

우드스톡 축제를 즐기러 온 젊은이들은 _____ 등 다양한 모습으로 자신들의 생각을 표현했어요.

① 평화를 상징하는 꽃을 단 여성

② 양복을 입고 넥타이를 맨 회사원

③ 자유를 상징하는 긴 머리를 한 청년

2일차 글

중국 사람들은 왜 톈안먼에 모였을까요?

세계 문화 발자취

● 1966년 마오쩌둥, 중국의 문화 대혁명 시작

● 1978년 덩샤오핑, 중국의 개혁과 개방 정책 시작

● 1985년 고르바초프, 소련의 개혁과 개방 정책 시작

● 1989년 중국, 톈안먼 사건

1문단 중국의 최고 지도자인 마오쩌둥은 '대약진 운동'을 실시했어요. 대약진 운동이란 '더 많은 물건을, 더 훌륭하게, 더 빨리 만드는' 움직임을 말해요. 하지만 만든 물건은 질이 나빴고, 농민들까지 공장에서 일을 해야 해서 먹을 것이 부족해졌어요. 그 결과 마오쩌둥은 최고 지도자의 자리에서 물러났어요. 그리고 그 **권력**은 류사오치, **저우언라이**, **덩샤오핑**에게 돌아갔어요. 이들은 마오쩌둥과는 다른 의견을 주장했어요.

"이제부터 각자의 땅에서 농작물을 키워서 돈을 벌 수 있습니다!"

농민들은 의욕을 되찾았고 생산량이 늘어났어요. 불안해진 마오쩌둥은 이들을 몰아내기 위해 '문화 대혁명'을 시작했어요.

"낡은 생각, 문화, **관습**을 모두 없애자!"

마오쩌둥은 외쳤어요. 학생들은 '홍위병'이라는 단체를 만들어 마오쩌둥을 따랐어요. 마오쩌둥은 자신을 비판하는 사람들을 죽이기까지 했어요. 그리고 이러한 문화 대혁명은 10년간 지속되다가 마오쩌둥이 죽으면서 끝났답니다.

2문단 마오쩌둥이 죽자 덩샤오핑이 다시 권력을 잡았어요. 그는 **개방적**인 태도로 경제 발전에 힘썼어요. 직접 일본과 미국을 방문하기도 했어요. 그의 노력으로 중국의 경제는 점점 ⎯⎯⎯⎯ ⑦ ⎯⎯⎯⎯ 하기 시작했어요. 하지만 여전히 받아들여지지 않는 것이 있었어요. 바로 정부를 비판할 자유가 주어지는 '민주주의'였어요. 결국 수천 명의 학생이 톈안먼 광장에 모여 민주주의를 외쳤어요. 수백만 명의 시민들까지 힘을 합쳐 학생들을 지지했답니다. 하지만 중국 정부는 군대를 모아 시위를 막았어요. 수많은 사람들이 시위를 하다가 목숨을 잃은 이 사건을 '톈안먼 사건'이라고 합니다.

♀ 홍위병

홍위병은 대부분 중학생에서 대학생 사이의 젊은이들로 구성되어 있었어요.

• 권력 남을 지배하는 데에 쓸 수 있는 사회적인 힘을 말해요.
• 관습 한 사회에서 오랜 시간에 걸쳐 내려오고 있는 사회 규범이나 생활 방식을 말해요.
• 개방적 생각이나 태도가 자유롭고 열려 있는 것을 말해요.

1

세부 내용

홍위병에 대한 설명으로 옳지 <u>않은</u> 것은 무엇인가요?   (   )

① 마오쩌둥을 비판했어요.

② 문화 대혁명에 참여했어요.

③ 학생들로 이루어진 단체예요.

2

세부 내용

마오쩌둥이 한 일이 <u>아닌</u> 것은 무엇인가요?   (   )

① 마오쩌둥은 민주주의를 주장했어요.

② 마오쩌둥은 문화 대혁명을 일으켰어요.

③ 마오쩌둥은 대약진 운동을 실시했어요.

3

어휘 표현

㉠에 들어갈 가장 알맞은 말은 무엇인가요?   (   )

① 부패   ② 계획   ③ 성장   ④ 지각

4

내용 요약

이 글을 읽고 다음 내용을 일어난 순서대로 알맞게 기호를 쓰세요.

⑺ 톈안먼 사건이 일어났어요.

⑷ 문화 대혁명이 일어났어요.

⑸ 대약진 운동이 실패했어요.

(   ) ➡ (   ) ➡ (   )

😊 오늘의 **한** 문장 정리

마오쩌둥은 _____ 을 일으켰고, 이후 톈안먼 사건이 일어났어요.

2일차
백과사전

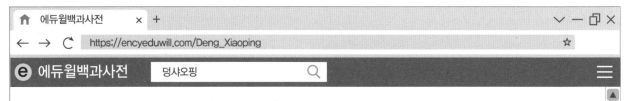

중국의 경제 발전 뒤에 가려진 그림자

🏠 에듀윌백과사전   ✕   +

← → C   https://encyeduwill.com/Deng_Xiaoping

ⓔ 에듀윌백과사전   덩샤오핑   🔍   ☰

중국의 개혁과 개방에 따른 문제

검은 고양이든 흰 고양이든 쥐만 잘 잡으면 된다

이 말은 마오쩌둥에 이어 중국의 최고 지도자가 된 덩샤오핑이 한 말로, ' ⑤ '는 뜻이에요. 덩샤오핑은 무너져 가는 중국의 경제를 살리기 위해 서양의 자본과 기술을 받아들이는 개혁과 개방 정책을 펼쳤죠. 그 결과 중국 경제는 빠르게 성장하였고, 노동자와 농민의 소득도 높아졌어요. 다음은 덩샤오핑이 개혁과 개방 정책을 실시한 지 약 15년이 지났을 때 한 말이에요.

> 옛날에 비해 발전된 도시의 모습을 보니 뿌듯합니다.
> 역시 개혁과 개방만이 중국 사람들이 잘 사는 길이었어요.
> 나는 앞으로도 개혁과 개방 정책을 강화해 나갈 계획입니다.

빈부 격차와 민주화 시위

오늘날 중국은 세계에서 두 번째로 경제가 강한 나라로 성장했어요. 하지만 빠르게 경제를 성장시키는 과정에서 **빈부 격차**가 커지게 되었어요. 게다가 개혁과 개방 정책이 시작되면서 중국 사람들의 **민주화** 요구가 높아지게 되었죠. 1989년 중국 베이징의 톈안먼 광장에서 중국 사람들은 독재 반대와 민주주의를

△ 톈안먼 광장에서의 민주화 시위

주장하며 시위를 벌였어요. 시위에 참여하는 사람들이 점점 많아지자 위기를 느낀 덩샤오핑은 군대를 동원하여 시위하는 사람들을 **진압했어요.**

- **소득** 일정 기간 동안에 정해진 일을 하고 그 대가로 받는 돈을 말해요.
- **빈부 격차** 가난함과 부유함이 서로 다른 정도를 말해요.
- **민주화** 민주주의 이념에 따르게 되거나 민주적인 것으로 바뀌는 것을 말해요.
- **진압하다** 강제로 억눌러 진정시키는 것을 말해요.

오늘의날짜   월   일

1 ㉠에 들어갈 알맞은 말은 무엇인가요?   (   )

① 중국 사람들의 자유를 억압하겠다.

② 중국의 경제가 발전하는 것을 막겠다.

③ 중국 사람들이 잘 살 수 있는 방법이라면 무엇이든 하겠다.

2 중국의 개혁과 개방을 이끈 인물을 골라 ○표 하세요.

| 이홍장 | 장제스 | 덩샤오핑 | 마오쩌둥 |

3 이 백과사전의 내용으로 맞으면 ○표, 틀리면 ×표 하세요.

(1) 덩샤오핑은 마오쩌둥에 이어 중국의 최고 지도자가 되었어요.   (   )

(2) 오늘날 중국은 세계에서 첫 번째로 경제가 강한 나라로 성장했어요.   (   )

(3) 중국의 개혁과 개방 정책이 시작되면서 중국 사람들의 민주화 요구가 높아졌어요.

(   )

4 다음 빈칸에 들어갈 알맞은 말을 이 백과사전에서 찾아 쓰세요.

1989년 중국 베이징의 _____ 광장에서 중국 사람들이 시위를 벌이

자 덩샤오핑은 군대를 동원하여 시위하는 사람들을 진압했어요.

3일차 글

지문분석 동영상강의

'세계는 하나'라는 말은 무슨 뜻일까요?

세계 문화 발자취

● 1989년 중국, 톈안먼 사건

● 1990년 독일 통일

● 1991년 소련 해체

● 1993년 유럽 연합(EU) 설립

1 문단 '세계화'란 세계가 하나가 된다는 뜻이에요. 교통과 통신 기술이 발달하면서 우리는 다른 나라의 소식을 쉽게 알 수 있고, 서로 자유롭게 **교류할** 수 있게 되었어요. 세계화는 정치, 경제, 사회, 문화 등 우리의 삶 모든 면에 영향을 끼쳐요. 그래서 세계화로 인해 다른 나라에 문제가 생기면 우리나라도 바로 영향을 받게 된답니다. 따라서 어떠한 문제에 대해 결정할 때 과거에는 우리나라 입장만 생각하면 됐지만, 이제는 전 세계가 연결된 **지구촌**의 입장을 생각해야 해요. 예를 들어, 다른 나라의 포도가 우리나라의 포도보다 싸고 맛있다고 외국 포도를 잔뜩 사들이면 어떻게 될까요? 아무도 비싼 국산 포도를 사지 않을 것이고, 결국 국산 포도를 키우는 농부는 힘들어져요. 그렇다고 외국 포도의 수입을 막아버리거나 세금을 많이 매겨서 외국 포도를 비싸게 만들어 버리는 것도 문제가 될 수 있어요. 그래서 이러한 문제를 해결하기 위해 '세계 무역 기구(WTO)'가 생겨났어요. 세계 무역 기구는 국가 간에 일어나는 **무역** 다툼을 해결하며 지구촌의 경제 질서를 바로잡고 있어요.

2 문단 세계 무역 기구가 만들어지자 여러 나라가 협력을 하기도 했어요. 지역적으로 가까운 나라끼리 뭉치게 된 것이에요. 가까운 나라끼리 힘을 합쳐 다른 나라와의 경쟁에서 이기기 위한 목적이에요. 유럽은 '유럽 연합(EU)'이라는 공동체를 만들었어요. 그리고 함께 유로라는 돈을 사용하기로 했어요. 각각의 나라에서 다르게 쓰던 돈이 모두 유로로 바뀌자 유럽은 경제적으로 ㉠통합되었어요.

3 문단 하지만 세계화로 인해 부작용도 생기게 되었어요. 나라 간에 영향을 많이 받아서 한 나라의 경제 위기가 세계로 퍼지는 현상이 나타나고 있어요. 또한 전 세계가 똑같은 생활 모습을 보이게 되어 전통을 중시하는 가치관과 충돌하는 경우도 생기고 있답니다.

♀ 유럽 연합(EU)

유럽 연합을 상징하는 유럽기의 파란색 배경은 유럽의 하늘을 상징하고, 노란색 별은 유럽 시민의 협동을 상징해요.

• **교류하다** 문화나 사상 등을 서로 주고받는 것을 말해요.
• **지구촌** 지구 전체를 한 마을처럼 여겨 부르는 말이에요.
• **무역** 나라와 나라 사이에 서로 물건을 사고파는 일이에요.

오늘의 날짜   월   일

1
세부 내용

세계화에 대한 설명으로 옳은 것은 무엇인가요?   (   )

① 세계화는 다양한 통신 기술을 말해요.

② 세계화는 우리 삶에 영향을 미치지 않아요.

③ 세계화는 세계의 다툼을 해결하는 것을 말해요.

④ 세계화로 인해 우리는 다른 나라의 소식을 쉽게 알 수 있어요.

3주

2
세부 내용

세계 무역 기구(WTO)가 만들어진 까닭은 무엇인가요?   (   )

① 유럽 연합을 만들기 위해

② 기아 문제를 해결하기 위해

③ 선진국이 더 큰 이익을 얻기 위해

④ 지구촌의 경제 질서를 바로잡기 위해

3
내용 추론

이 글을 읽고 보인 반응으로 알맞지 <u>않은</u> 것은 무엇인가요?   (   )

① 우리나라는 다른 나라의 영향을 받지 않아.

② 세계화로 인해 좋은 점만 있는 것은 아니야.

③ 유럽 연합 안에서는 모두 같은 돈을 사용하고 있어.

4
어휘 표현

밑줄 친 ㉠과 바꾸어 쓸 수 있는 말이 <u>아닌</u> 것은 무엇인가요?   (   )

① 합쳐졌어요   ② 연합되었어요   ③ 결합되었어요   ④ 분열되었어요

🐵 오늘의 **한** 문장 정리

세계화로 인해 세계 무역 기구가 만들어졌고, ＿＿＿＿＿＿＿＿＿＿ 과 같이 가까운 나라끼리
뭉치는 공동체가 생겨났어요.

3일차
블로그

유럽의 여러 나라를 자유롭게 여행해요

코리아팬더
@History

안녕하세요. 저는 역사 여행에 관심이 많은 선생님이에요.

목록

- 전체 보기(20)
- 재미있는 역사 이야기(9)
  - 한국사가 궁금해(4)
  - 세계사가 궁금해(5) N
- 도전! 역사 퀴즈왕(11)
  - 한국사 퀴즈(4)
  - 세계사 퀴즈(7)

활동 정보

블로그 이웃 25명
글 보내기 3회
글 퍼오기 3회

내 블로그 | 이웃 블로그 | 블로그 홈 | 로그인

🏠 코리아팬더의 블로그 ✕

← → C https://blog.travel.com/eu ☆

자유로운 유럽 여행을 즐기다

코리아팬더 2○○○년 ○○월 ○○일 11:14　　　　URL 복사

　안녕? 다들 잘 지내고 있니? 나는 오늘 독일과 프랑스의 **국경**을 지났어. 요즘에는 유럽 여행을 할 때 다른 나라 사람의 **출입**을 허락하는 증명서인 '비자'가 없어도 자유롭게 여행할 수 있어. 바로 유럽 여러 나라가 2011년에 맺은 조약 때문이야. 이 조약은 유럽 연합에 속해 있는 나라 간에 맺어졌어. 조약을 맺은 나라들끼리는 서로 국경을 자유롭게 넘을 수 있도록 한다는 내용을 담고 있어. 그래서 아까 내가 찍은 사진처럼 국경 사무소가 텅 비어 있는 곳이 많은가 봐. 그런데 최근에 불법 **이민자**의 수가 증가하고, 범죄 문제 등으로 조약을 바꿔야 한다는 말들이 있어. 너희가 유럽에 올 때는 어떻게 변해 있을지 궁금하다. 그럼 건강히 잘 지내고 또 글 남길게.

🔺 텅 빈 국경 사무소

🔺 유럽 연합이 있는 샤를마뉴 건물(벨기에)

댓글 2개

무엇이든궁금이　유럽 연합에 속한 나라들은 어디인가요?

코리아팬더　독일, 프랑스, 이탈리아, 네덜란드, 그리스, 스페인, 포르투갈 등이 있어요. 영국도 원래 유럽 연합에 속했었는데, 2020년에 공식적으로 탈퇴했어요.

- **국경** 나라와 나라의 영토를 나누는 경계를 말해요.
- **출입** 사람이 어떤 곳을 드나드는 것을 말해요.
- **이민자** 자기 나라를 떠나서 다른 나라로 가서 사는 사람을 말해요.

1 다음 빈칸에 들어갈 알맞은 말을 이 블로그에서 찾아 쓰세요.

> 유럽 여행을 할 때 다른 나라 사람의 출입을 허락하는 증명서인 ＿＿＿＿＿＿＿＿
> 이/가 없어도 여러 나라의 국경을 넘으며 자유롭게 여행할 수 있어요.

2 다음 ( ) 안에 들어갈 알맞은 말을 골라 ○표 하세요.

> 최근 불법 (**지도자** , **이민자**)의 수가 증가하여 조약을 바꿔야 한다는 의견이 나오
> 고 있어요.

3 유럽 연합이 있는 건물의 이름은 무엇인가요? ( )

① 샤를마뉴 건물   ② 가리발디 건물   ③ 카보우르 건물   ④ 비스마르크 건물

4 유럽 연합에 속하지 <u>않는</u> 나라는 어디인가요? ( )

① 🔺프랑스   ② 🔺영국   ③ 🔺독일   ④ 🔺이탈리아

4일차

글

지문분석 동영상강의

위험에 빠진 난민은 누가 보호해 줄까요?

세계 문화 발자취

● 1998년 코소보 사태 발생

● 2001년 미국, 9·11 테러 발생

● 2003년 미국의 이라크 공격

● 2011년 시리아 내전 발생

1문단 난민이란 전쟁이나 정치, 종교 등의 이유로 어려움에 빠져서 사는 곳을 옮겨야 하는 사람을 말해요. 난민은 나라의 보호를 받기 힘들고 경제적으로 매우 어려워요. 안타까운 사실은 여전히 세계 곳곳에서 난민이 발생하고 있다는 것이에요. 냉전이 끝난 후에도 아프리카, 동유럽, 중동 등에서 전쟁과 **분쟁**이 계속 일어나고 있기 때문이에요.

2문단 동유럽의 세르비아라는 나라에서는 세르비아 사람들의 정치에 대해 코소보 지역의 사람들이 반대하며 전쟁이 일어났어요. 또 중동의 시리아에서는 정부와 이에 맞서는 사람들 사이에 전쟁이 일어났어요. 아프리카의 르완다에서는 오래전부터 이어진 부족 간의 갈등이 전쟁으로 번졌어요. 이 외에도 인도와 파키스탄에서 종교로 인한 갈등으로 전쟁이 벌어지고 있고, 중동 전쟁을 벌였던 이스라엘과 팔레스타인도 여전히 갈등을 일으키고 있어요. 또 이라크 전쟁, 최근 러시아의 우크라이나 공격 등 세계는 분쟁이 끊이질 않고 있어요.

3문단 이러한 분쟁들로 인해 난민들이 계속해서 발생하고 있어요. 난민 문제는 현실과 복잡하게 얽혀 있어요. 그렇기 때문에 한 나라 안에서 해결하는 것이 어려워요. 이를 위해 국제 연합(UN)은 난민 기구를 만들었어요. 국제 연합에 가입한 나라들은 난민 문제에 대해 함께 고민하며 책임을 지고 있어요. 나아가 국제 연합은 6월 20일을 '세계 난민의 날'로 **지정했어요.**

"세계 난민의 날을 정해서 난민에 대한 관심을 높여 봅시다!"

이에 호응하여 일부 나라는 난민들이 모여 살 수 있는 난민촌을 만들어 난민을 ㉠받아들이기도 했어요. 독일을 비롯한 유럽 여러 나라에서도 난민을 **포용하는** 움직임을 보이고 있답니다.

📍 **세계 난민의 날**

6월 20일을 아프리카에서 '아프리카 난민의 날'로 기념해 오던 것을 2001년부터 국제 연합이 '세계 난민의 날'로 정했어요.

・**분쟁** 서로 물러서지 않고 치열하게 다투는 것을 말해요.
・**지정하다** 가리켜 분명하게 정하는 것을 말해요.
・**포용하다** 남을 넓은 마음으로 감싸 주거나 받아들이는 것을 말해요.

3주

1

중심 내용

전쟁, 정치, 종교 등의 이유로 사는 곳을 옮겨야 하는 사람을 뜻하는 말을 쓰세요.

✎ _____

2

세부 내용

이 글을 읽고 올바른 내용의 기호를 <u>모두</u> 쓰세요.

> ㈎ 난민은 나라의 보호를 받기 힘들어요.
>
> ㈏ 여러 나라에서 다양한 이유로 분쟁이 일어나고 있어요.
>
> ㈐ 난민은 난민이 발생한 해당 국가 내에서만 해결해야 할 문제예요.

✎ _____

3

내용 추론

국제 연합이 세계 난민의 날을 정한 이유는 무엇인가요?　　　（　　　）

① 6월 20일에 난민이 가장 많이 발생해서

② 그날만큼은 난민 문제를 잠시 덮어두기 위해서

③ 난민 문제에 대한 전 세계의 관심을 높이기 위해서

④ 난민 문제를 가진 나라들에게 상황을 보고 받기 위해서

4

어휘 표현

밑줄 친 ㉠과 바꿔 쓸 수 있는 말은 무엇인가요?　　　（　　　）

① 이동하기도　　　② 수리하기도　　　③ 적용하기도　　　④ 수용하기도

오늘의 **한** 문장 정리

국제 연합에 가입한 나라들은 _____ 문제를 함께 고민하고 있어요.

4일차
온라인
전시회

지금도 난민이 발생하고 있어요

QR코드를 찍어
지역 분쟁과 난민에
대해 알아보아요.

특별전시 안내   난민

① 분쟁의 모습
2 분쟁과 난민
③ 난민 문제의 해결과 노력

2 지역 분쟁과 난민

지금도 세계 곳곳에서 분쟁이 끊이지 않고 있어요. 민족, 영토, 종교 등 다양한 문제로 분쟁이 일어나고, 이로 인해 난민이 발생하고 있어요.

코소보 난민

세르비아 사람들의 통치에 불만을 품은 코소보 주민들이 저항하며 전쟁이 일어났어요. 서로 믿는 종교가 달랐다는 점도 갈등 요인이었죠. 이 전쟁을 통해 많은 코소보 주민이 난민이 되었어요.

시리아 난민

시리아에서 독재 정부와 이에 맞서는 사람들 사이에 전쟁이 일어났어요. 시리아 정부군이 대량 살상 무기를 사용하자 미국, 유럽 등은 시리아 정부군을 공격했고, 이 전쟁으로 많은 시리아 사람들이 난민이 되었어요.

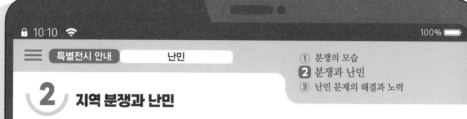

르완다 난민

아프리카의 르완다에서는 벨기에의 식민지 때부터 생긴 부족 간의 갈등이 독립한 이후 전쟁으로 이어졌어요. 이 전쟁으로 많은 르완다 사람들이 목숨을 잃거나 난민이 되었어요.

1 분쟁이 일어나는 원인으로 알맞지 <u>않은</u> 것은 무엇인가요?   (   )

① 종교   ② 영토   ③ 민족   ④ 스포츠

2 이 전시의 내용으로 맞으면 ○표, 틀리면 ×표 하세요.

(1) 세르비아 사람들과 코소보 주민은 서로 믿는 종교가 같았어요.   (   )

(2) 코소보, 시리아, 르완다 난민의 공통점은 모두 전쟁으로 난민이 된 것이에요. (   )

3 다음 빈칸에 들어갈 알맞은 나라는 어디인가요?   (   )

> 아프리카의 _____ 은/는 벨기에의 식민지 때부터 생긴 부족 간의 갈등이 독립한 이후 전쟁으로 이어졌어요.

① 르완다   ② 시리아   ③ 세르비아   ④ 아프가니스탄

4 미국과 유럽이 시리아 정부군을 공격한 까닭은 무엇인가요?   (   )

① 시리아 정부군이 미국을 먼저 공격해서

② 시리아 정부군이 유니세프에 돈을 기부해서

③ 시리아 정부군이 대량 살상 무기를 사용해서

5일차
글

사람들은 왜 평화를 외칠까요?

지문분석 동영상강의

세계 문화 발자취

● **1965년** 베트남 전쟁 반대 시위

● **2001년** 미국, 아프가니스탄 공격

● **2003년** 미국의 이라크 공격 반대 시위

● **2022년** 러시아의 우크라이나 공격 반대 시위

1 문단 두 차례의 세계 대전이 일어나면서 사람들은 점점 더 무서운 무기를 만들고 사용하게 됐어요. 그중에서도 가장 무서운 무기는 눈 깜짝할 사이에 많은 사람을 해치는 '대량 살상 무기'였어요. 독가스와 원자 폭탄 같은 무기들은 수많은 사람들의 목숨을 빼앗았어요. 게다가 이러한 무기들은 사용 후 시간이 흘러도 질병을 일으키거나 환경을 파괴해요. 인류에게 **지속적**인 피해를 주는 것이지요. 이 때문에 세계는 대량 살상 무기를 금지하는 국제 협약을 맺었어요.

"세계 평화와 인류를 위해서 대량 살상 무기를 금지합시다!"

2 문단 전쟁에 반대하고 평화를 지키는 움직임은 제2차 세계 대전 이전부터 이어져 왔어요. 그러다 베트남 전쟁을 계기로 널리 **확산됐어요**. 미국이 베트남 전쟁에서 고엽제라는 독한 약물을 뿌려서 전쟁의 피해가 컸어요. 사람들이 목숨을 잃거나 크게 다치는 일이 생기자 사람들은 충격에 빠졌어요.

"전쟁 때문에 죄 없는 사람이 목숨을 잃는 것을 막아야 해요!"

사람들은 전쟁을 반대하는 목소리를 높였어요. 이러한 운동을 '반전 평화 운동'이라고 해요. 반전 평화 운동은 세계로 퍼져 나갔어요. 세계 곳곳에서 거리 **시위**가 벌어졌고, 일부 청년들은 군대에 가는 것을 거부하기도 했어요. 그리고 이 운동은 미국의 군대가 베트남에서 ㉠**철수하는** 데 큰 영향을 미쳤어요. 사람들의 지속적인 관심과 노력이 실제로 전쟁을 멈추는 데 도움이 된 것이에요. 반전 평화 운동을 하는 사람들은 전쟁에 사용되는 돈으로 기아를 없애고, 모두가 인간다운 삶을 살아가게 하자고 주장하고 있어요. 이들은 전쟁 없는 평화로운 세상을 바라며 오늘도 목소리를 높이고 있답니다.

♀ 대량 살상 무기

대량 살상 무기는 생물 무기, 화학 무기, 핵무기, 방사능 무기를 말해요.

• **지속적** 어떤 상태가 오래 계속되는 것을 말해요.
• **확산되다** 흩어져 널리 퍼지게 되는 것을 말해요.
• **시위** 많은 사람들이 요구 조건을 내걸고 모여서 의사를 표시하는 행동을 말해요.
• **철수하다** 있던 곳에서 시설이나 장비 등을 거두어 가지고 물러나는 것을 말해요.

오늘의날짜   월   일

1 중심 내용
1문단 의 중심 내용으로 알맞은 것은 무엇인가요?   (   )

① 국제 협약의 종류   ② 환경 파괴의 심각성   ③ 대량 살상 무기 금지

3주

2 세부 내용
이 글에 대한 설명으로 옳지 <u>않은</u> 것은 무엇인가요?   (   )

① 대량 살상 무기는 수많은 사람들의 목숨을 빼앗았어요.

② 베트남 전쟁을 계기로 전쟁을 반대하는 목소리가 커졌어요.

③ 제2차 세계 대전 이전에는 전쟁을 반대하는 사람이 없었어요.

④ 반전 평화 운동을 하는 일부 청년들은 군대에 가는 것을 거부했어요.

3 어휘 표현
밑줄 친 ㉠과 바꾸어 쓸 수 있는 말은 무엇인가요?   (   )

① 물러나는   ② 발생하는   ③ 입장하는

4 내용 요약
2문단 의 내용을 요약했어요. 빈칸에 들어갈 알맞은 말을 찾아 쓰세요.

원인	베트남 전쟁에서 고엽제라는 약물 때문에 목숨을 잃는 사람이 많았어요.

⬇

결과	• 충격에 빠진 사람들은 (❶)에 반대하는 운동을 했어요. • 이 운동은 (❷)의 군대가 베트남에서 철수하는 데 영향을 미쳤어요.

❶ _____   ❷ _____

😊 오늘의 **한** 문장 정리

전 세계에서는 전쟁을 반대하고 평화를 외치는 _____ 이 이어지고 있어요.

5일차
온라인 박물관

지문분석 동영상강의

우리는 전쟁에 반대합니다!

에듀윌박물관 × +

https://www.eduwillmuseum.com/peace

에듀윌박물관

EDUWILL MUSEUM 🔍

박물관 소개　전시 안내　소장품 안내　교육 안내　자료실　공지 사항

반전 평화 운동의 모습 ●●▶진행 중 ★특별 전시

🏠 > 전시 안내 > 온라인전시

전쟁에 반대하고 평화를 지키려는 움직임은 제2차 세계 대전 이전부터 계속 있었어요. 반전 평화 운동이 어떻게 전개되었는지 그 모습을 한번 살펴볼까요?

베트남 전쟁 반대 운동
1965

1960년대 후반 베트남 전쟁에 반대하는 움직임이 전 세계적으로 일어났어요. 이러한 움직임은 미군이 베트남에서 철수하는 데 큰 영향을 미쳤어요.

이라크 전쟁 반대 운동
2003

2000년대에 들어 미국은 이라크와 전쟁을 일으켰어요. 미국의 이라크 공격 이후 전쟁 반대 시위가 이어졌으며, 전쟁에 대한 반대 여론이 높아졌어요.

러시아-우크라이나 전쟁 반대 운동
2022

러시아가 우크라이나를 공격하면서 시작되었어요. 전 세계 사람들은 러시아의 푸틴 대통령을 비난하면서 러시아에게 우크라이나 공격을 멈추라는 시위를 벌였어요.

| 1964 베트남 전쟁 (1964~1975) | 1979 소련, 아프가니스탄 침공 (1979~1989) | 2001 미국, 아프가니스탄 침공 (2001~) | 2003 미국, 이라크 침공 (2001~2003) | 2022 러시아, 우크라이나 침공 |

소련-아프가니스탄 전쟁

소련이 아프가니스탄을 공격하면서 전쟁이 시작되었어요. 이 전쟁은 이후 소련의 해체와 냉전이 끝나는 데에도 큰 영향을 주었어요.

미국-아프가니스탄 전쟁

미국은 9·11 테러를 저질러 수많은 사람의 목숨을 빼앗은 범죄자 오사마 빈 라덴과 그를 따르는 세력을 없애기 위해 아프가니스탄을 공격했어요.

• **침공** 다른 나라에 쳐들어가서 공격하는 것을 말해요.

1 소련과 아프가니스탄의 전쟁이 미친 영향으로 알맞은 것은 무엇인가요? (   )

① 소련이 해체되었어요.

② 미군이 베트남에서 철수했어요.

③ 베트남에서 전쟁이 일어났어요.

④ 미국이 이라크와 전쟁을 일으켰어요.

3주

2 이 전시의 내용으로 맞으면 ○표, 틀리면 ×표 하세요.

⑴ 미국은 2003년 이라크를 침공했어요. (   )

⑵ 제2차 세계 대전 이전에는 반전 평화 운동이 일어나지 않았어요. (   )

3 다음 빈칸에 들어갈 알맞은 나라는 어디인가요? (   )

> 미국은 자신들의 나라에 9·11 테러를 저질러 수많은 사람의 목숨을 빼앗은 범죄자와 그를 따르는 세력을 없애기 위해 ＿＿＿＿＿＿＿ 을/를 공격했어요.

▲ 9·11 테러

① 러시아   ② 이라크   ③ 캐나다   ④ 아프가니스탄

4 이 전시를 읽고 다음 내용을 일어난 순서대로 알맞게 기호를 쓰세요.

> ㈎ 베트남 전쟁을 반대하는 시위가 일어났어요.
>
> ㈏ 미국이 이라크를 공격한 후 전쟁 반대 시위가 이어졌어요.
>
> ㈐ 전 세계 사람들이 러시아에게 우크라이나 공격을 멈추라는 시위를 벌였어요.

(   ) ➡ (   ) ➡ (   )

1~5일 지문에서 나온 중요 어휘를 정리해 보세요.

1 밑줄 친 말의 뜻을 알맞게 줄로 이으세요.

민주주의가 발전하면서
대중의 <u>영향력</u>이 커졌어요.

·

·

원래의 것과 똑같은 것을
만들다.

앤디 워홀은 상품을 반복적으로
<u>복제한</u> 그림을 그렸어요.

·

·

어떤 것의 효과나 작용이
다른 것에 미치는 힘

우드스톡 축제가
<u>성황리</u>에 끝났어요.

·

·

오랜 시간에 걸쳐 내려오고 있
는 사회 규범이나 생활 방식

경제가 성장하고 기술이 발전하자
물질적으로 <u>풍요로워</u>졌어요.

·

·

사람이 많이 모여 활기차고
성대한 상황을 이룬 가운데

문화 대혁명은 낡은 문화와 <u>관습</u>을
없애자는 운동이에요.

·

·

매우 많아서 넉넉하다.

많은 사람들이 전쟁에 반대하는
<u>시위</u>에 참여했어요.

·

·

많은 사람들이 요구 조건을
내걸고 모여서 의사를
표시하는 행동

2 밑줄 친 말과 뜻이 비슷한 낱말을 〈보기〉에서 찾아 빈칸에 쓰세요.

┌─────────────────────〈 보기 〉─────────────────────┐
　　감싸다　　　　번지다　　　　물러나다　　　　계속적　　　　주고받다
└──┘

(1) 미국의 군대가 베트남에서 **철수했어요**.
　　　　　　　　　　있던 곳에서 시설이나 장비를 거두어 가지고 가다.　　　　　　　　　＿＿＿＿＿＿＿＿

(2) 난민을 **포용하는** 움직임이 일어나고 있어요.
　　　남을 넓은 마음으로 감싸 주거나 받아들이다.　　　　　　　　　　　　　　　　　　　　＿＿＿＿＿＿＿＿

(3) 대량 살상 무기는 인류에게 **지속적인** 피해를 주어요.
　　　　　　　　　　　　어떤 상태가 오래 이어져 나가는 것　　　　　　　　　　　　　　　　＿＿＿＿＿＿＿＿

(4) 반전 평화 운동은 베트남 전쟁을 계기로 널리 **확산됐어요**.
　　　　　　　　　　　　　　　　　　　흩어져 널리 퍼지게 되다.　　　　　　　　　　　　　＿＿＿＿＿＿＿＿

(5) 세계화를 통해 사람들은 자유롭게 **교류할** 수 있게 되었어요.
　　　　　　　　　　　　　문화나 사상 등을 서로 주고받다.　　　　　　　　　　　　　　　　＿＿＿＿＿＿＿＿

3 다음 문장의 밑줄 친 말을 바르게 고쳐 빈칸에 쓰세요.

(1) 난민 문제는 현실과 복잡하게 **얼켜** 있어요.　　　　　　　　　　　　　　＿＿＿＿＿＿＿＿

(2) 마오쩌둥의 **권녁**이 덩샤오핑에게 돌아갔어요.　　　　　　　　　　　　　＿＿＿＿＿＿＿＿

(3) 인도에서 종교로 인한 갈등으로 전쟁이 **이러났어요**.　　　　　　　　　＿＿＿＿＿＿＿＿

(4) 유럽 연합에 속한 나라끼리는 자유롭게 **구경**을 넘어요.　　　　　　　　＿＿＿＿＿＿＿＿

(5) 이 조약은 유럽 연합에 속해 있는 나라끼리 **맺어졌어요**.　　　　　　　＿＿＿＿＿＿＿＿

4 주

1일

세계의 다양한 축제

1950년

일본 홋카이도 삿포로에서
처음으로 눈 축제가 열렸어요.

2일

가난과 질병

1971년

프랑스 파리에서 '국경없는
의사회'가 만들어졌어요.

1992년

환경 오염을 막기 위해
'리우 선언'이 발표되었어요.

연표를 따라가며 **4주차**에 만날 **전 세계의 문화와 사건**을 살펴보세요.

3일

20세기 과학의 발전

1993년

스마트폰이 처음으로 등장했어요.

4일

첨단 기술

1996년

생명 공학 기술의 발달로 복제양 '돌리'가 탄생했어요.

5일

환경 문제

2015년

환경 문제를 위해 '파리 기후 협약'이 맺어졌어요.

세계의 대표적인 축제는 무엇일까요?

세계 문화 발자취

● 1950년 일본, 제1회 삿포로 눈 축제 개최

● 1957년 부뇰 시의회, 토마토 축제를 공식 지역 축제로 승인

● 1971년 국경없는의사회 설립

● 1984년 브라질, 리우 카니발 전용 행사장 마련

1 문단 세계화를 통해 다른 나라 사이를 오가는 일이 자연스러워졌어요. 다른 나라로 여행을 가서 새로운 환경과 문화를 체험하는 것이 흔한 일이 되었답니다. 그래서 여러 나라들은 각자 자기 지역의 특징과 즐길 거리를 **내세우기** 시작했어요. 세계 여러 나라의 다양한 축제에는 무엇이 있을까요?

2 문단 일본의 삿포로는 눈 축제로 유명해요. 삿포로는 겨울이 되면 눈이 사람의 키를 훌쩍 넘길 만큼 쌓여요. 매년 2월이면 눈의 나라에 있는 듯한 환상적인 풍경이 펼쳐져요. 스페인의 부뇰이라는 지역에서는 토마토 축제가 열려요. 이곳의 여름 기후는 맑고 따뜻해서 토마토가 많이 열려요. 한번은 토마토 값이 **폭락했을** 때 농부들이 불만을 품고 토마토를 마구 던진 적이 있었는데, 여기서 축제가 유래되었어요. 축제 기간인 매년 8월이면 사람들은 붉은 토마토를 신나게 던지고 밟으며 축제를 즐겨요. 브라질의 리우데자네이루 지역에서는 리우 카니발이라는 축제가 열려요. 이 축제에서 가장 유명한 것은 삼바 퍼레이드예요. 수많은 무용수들이 화려한 의상을 입고 삼바 춤을 추며 **행진**을 한답니다. 해마다 이 축제가 열릴 때면 전 세계에서 무려 6만여 명의 관광객이 모이고 있어요.

3 문단 이렇게 각 나라에서 펼쳐지는 축제 외에도 전 세계인이 한데 모여서 즐기는 축제가 있어요. 바로 올림픽 대회와 월드컵 대회예요. 우리나라에서도 서울 올림픽과 평창 올림픽, 총 2번의 올림픽이 열렸어요. 전 세계인이 하나 되어 즐기는 축제를 연다는 것은 아주 큰 의미가 있어요. 경제적 이익은 물론, 국제 사회에 새로운 인상을 심어 줄 수도 있기 때문이에요. 또 다른 나라와 더 좋은 관계를 갖게 될 수 있답니다.

📍 리우 카니발

리우 카니발은 세계 3대 축제 중 하나로, 그 규모와 화려함이 전 세계 최고라는 평가를 받고 있어요.

• **내세우다** 일부러 드러내어 남에게 자랑하는 것을 말해요.
• **폭락하다** 물건의 값이 갑자기 큰 폭으로 떨어지는 것을 말해요.
• **행진** 줄을 지어 앞으로 나아가는 것을 말해요.

오늘의 날짜   월   일

1
중심 내용

다음 빈칸에 들어갈 알맞은 말을 이 글에서 찾아 쓰세요.

> 각 나라는 고유한 환경과 문화가 담긴 _____ 을/를 기획해 더 많은
> 관광객이 방문할 수 있도록 노력하고 있어요.

2
세부 내용

축제의 이름과 축제가 열리는 나라를 알맞게 연결하세요.

눈 축제	•		•	스페인
토마토 축제	•		•	일본
리우 카니발	•		•	브라질

4주

3
세부 내용

토마토 축제는 어떤 사건에서 유래되었나요?   (   )

① 농부들이 토마토를 사람들에게 나눠준 일
② 농부들이 환경 오염 문제로 시위를 벌인 일
③ 농부들이 남은 토마토로 다양한 음식을 만든 일
④ 농부들이 불만의 표현으로 마구 토마토를 던진 일

4
내용 추론

이 글을 통해 알 수 없는 질문은 무엇인가요?   (   )

① 우리나라에서는 올림픽이 몇 번 열렸나요?
② 삿포로의 눈 축제에서 유명한 음식은 무엇인가요?
③ 전 세계가 하나가 되어 즐기는 축제를 열면 좋은 점은 무엇인가요?

 오늘의 **한** 문장 정리

각각 다른 _____ 과 문화를 가진 나라들은 다양한 축제를 열고 있어요.

1일차
백과사전

세계의 축제 속으로!

지문분석 동영상강의

🏠 에듀윌백과사전 ✕ +

← → C https://encyeduwill.com/festival ☆

ⓔ 에듀윌백과사전 　세계의 축제 　🔍 　☰

세계의 다양한 축제 들여다보기

　세계 여러 나라에는 우리나라와는 다른 볼 것, 즐길 것, 먹을 것들이 가득해요. 각 나라마다 자연 환경과 인문 환경이 다르기 때문에 서로 다른 다양한 축제가 열리고 있어요.

브라질, 리우 카니발

　브라질의 리우 카니발은 화려한 퍼레이드를 하는 축제예요. 퍼레이드 때 삼바 춤을 추어 '삼바 카니발'이라고도 해요. 삼바 춤은 아프리카에서 온 흑인 노예들에 의해 시작되었고, 여러 요소가 합쳐지면서 브라질의 민속춤이 되었답니다.

일본, 삿포로 눈 축제

　일본의 삿포로라는 지역에는 눈이 매우 많이 와요. 이러한 자연 환경을 이용해 매년 2월에 눈 축제를 열고 있죠. 축제의 크고 작은 눈 조각품들이 관광객의 눈을 즐겁게 해 준답니다.

스페인, 부뇰 토마토 축제

　'라 토마티나'라고 불리는 이 축제는 스페인의 부뇰이라는 지역에서 매년 8월 마지막 주에 열려요. 이 축제는 토마토 값이 폭락하자 농부들이 시위의 표시로 국회 의원들에게 토마토를 던지는 데서 유래되었어요.

태국, 송끄란 축제

　태국에서 일 년 중 가장 더운 4월에 열리는 축제예요. 축복을 기원하는 의미를 담아, 가족과 이웃에게 물을 뿌려요. 지나가는 행인에게 물을 뿌리기도 해요. 이것은 부처의 축복을 위해 불상을 물로 청소하는 행동에서 유래했어요.

1 다음 빈칸에 들어갈 알맞은 말을 이 백과사전에서 찾아 쓰세요.

> 브라질의 _____ 춤은 아프리카에서 온 흑인 노예들에 의해 시작되었고, 여러 요소가 합쳐지면서 민속춤이 되었어요.

2 이 백과사전에 대한 내용으로 맞으면 ○표, 틀리면 ×표 하세요.

⑴ 세계 여러 나라는 자연 환경과 인문 환경이 서로 같아요.   (   )

⑵ 부뇰 토마토 축제는 농부들이 토마토를 던지는 데서 유래했어요.   (   )

3 송끄란 축제에 대한 설명으로 옳지 <u>않은</u> 것은 무엇인가요?   (   )

① 4월에 열려요.

② 태국에서 열리는 축제예요.

③ 지나가는 사람에게는 물을 뿌리지 않아요.

④ 불상을 물로 청소하는 행동에서 유래한 축제예요.

4 다음 사진과 같은 행사가 열리는 축제는 무엇인가요?   (   )

① 올림픽

② 리우 카니발

③ 삿포로 눈 축제

④ 부뇰 토마토 축제

지문분석 동영상강의

2일차
글

먹을 것과 마실 물이 없어서 목숨을 잃는 사람이 있다고요?

세계 문화 발자취

- 1945년 국제 연합(UN) 설립
- 1946년 유니세프 설립

- 1971년 국경없는의사회 설립

- 1993년 스마트폰 개발

📍 유니세프

유니세프는 가난한 나라의 굶주리는 어린이를 위해 활동하는 단체예요. 유니세프는 노벨 평화상을 받기도 했어요.

📍 국경없는의사회

스위스 제네바에 있는 국경없는의사회 사무소 모습이에요. 전 세계에 29개의 사무소가 있어요.

1 문단 우리가 사는 지구 곳곳에는 가난에 시달리며 식량이 없어 고통받는 사람들이 있어요. 특히 아프리카의 어린이들은 심한 가뭄 때문에 먹을 것은 물론, 마실 물도 없어서 힘겨워하고 있어요. 한창 성장해야 하는 이곳의 어린이들은 영양소가 부족해서 몸이 매우 **왜소하거나** 병에 걸린 경우가 많아요. 또한 학교에 가지 못하고 집안의 생계를 위해 돈을 벌기도 해요.

2 문단 인간은 질병과 싸우며 살아왔어요. 질병을 이겨 내며 생존하는 일과 질병으로 인해 목숨을 잃는 일을 반복해 왔답니다. 의학이 발달한 오늘날도 마찬가지예요. 여전히 비위생적인 환경, 질병에 대한 정보 부족, 의료 **체계** 부족 등을 겪는 경우가 많아요. 특히 가난한 나라는 질병으로 더 큰 어려움을 겪고 있어요. 최근 전 세계를 혼란에 빠뜨린 코로나19를 겪으며 이러한 문제가 더욱 드러났어요. 백신이 막 개발되어 선진국에서 접종을 서두를 때 일부 나라에서는 백신을 구하지 못해 죽어간 사람이 많았어요.

3 문단 ㉠가난과 질병으로 고통받는 사람들을 돕는 것은 전 세계가 함께 해결해야 하는 문제예요. 지구촌 사회를 사는 우리는 서로 큰 영향을 주고받으며 살아가고 있어요. 코로나19처럼 새로운 바이러스가 나타나면 전 세계 수많은 사람이 함께 위험에 빠지는 것처럼 말이에요. 그렇기 때문에 세계 보건 기구(WHO)에서는 전염병을 비롯한 각종 질병을 없애기 위한 연구 활동을 이어가고 있어요. 국제 연합(UN)은 가난 문제를 해결하기 위해 가난한 나라에 돈을 지원하여 경제적으로 성장하는 것을 돕고 있어요. 또한 유니세프, 국경없는의사회 등 다양한 국제단체가 세계의 가난과 질병 문제를 ㉡ 하기 위해 노력하고 있답니다.

• 왜소하다 몸집이 작은 것을 말해요.
• 체계 일정한 원리에 따라서 낱낱의 부분이 잘 짜여져 통일된 전체를 말해요.

1

세부 내용

이 글에 대한 설명으로 알맞은 것은 무엇인가요?   (   )

① 국경없는의사회는 코로나19 백신을 개발했어요.

② 가난 문제에 처한 어린이는 아시아에 가장 많아요.

③ 아프리카에는 심한 가뭄으로 고통받는 어린이들이 있어요.

④ 코로나19를 치료하는 백신은 너무 많아서 문제가 되었어요.

2

내용 추론

밑줄 친 ㉠의 까닭에 대해 가장 알맞게 추론한 어린이는 누구인가요?   (   )

① 기훈: 전염병은 가장 빨리 해결해야 하는 문제이기 때문이야.

② 세영: 가난과 질병 문제는 다른 문제들보다 중요한 문제이기 때문이야.

③ 지유: 지구촌 사회에서 어떠한 문제가 생기면 전 세계가 영향을 받기 때문이야.

3

어휘 표현

㉡에 들어갈 알맞은 말은 무엇인가요?   (   )

① 금지   ② 심화   ③ 해결   ④ 정화

4

내용 요약

이 글의 내용을 요약했어요. (   ) 안에 들어갈 알맞은 말을 찾아 쓰세요.

원인	세계에는 (❶)와/과 질병 문제로 고통받는 사람들이 있어요.

⬇

결과	세계 보건 기구, 국제 연합, (❷), 국경없는의사회 등 다양한 국제단체가 함께 문제를 해결하고 있어요.

❶ ＿＿＿＿＿＿＿＿   ❷ ＿＿＿＿＿＿＿＿

😀 오늘의 **한** 문장 정리

가난과 ＿＿＿＿＿＿＿＿ 문제는 전 세계가 함께 해결해야 하는 문제예요.

2일차
SNS

지문분석 동영상강의

가난과 질병을 향한 따뜻한 손길

eduwill   HD ..ill 🔋 10:15

POST

유니세프(Unicef)

좋아요 77개

유니세프(Unicef) 유니세프는 최근 식수 공급 활동을 펼치고 있어요. 유니세프는 제2차 세계 대전이 끝난 후 세워진 국제단체예요. **열악한** 환경에 놓인 아동과 청소년들을 위한 예방 접종, 식수 공급, 기초 교육 등의 사업을 펼치고 있어요. 유니세프는 약 190개의 나라에서 소외된 어린이의 권리를 위해 활동하고 있답니다.

우리나라에서도 유니세프 한국 위원회가 모금 활동을 기획하고 모인 **후원금**을 필요한 곳에 기부하는 프로그램을 운영하고 있어요.

#안전한 식수 공급 #소외된 어린이를 위하여

eduwill   HD ..ill 🔋 12:30

POST

국경없는의사회(Doctors)

좋아요 72개

국경없는의사회(Doctors) 국경없는의사회는 의사와 언론인을 중심으로 세워진 단체로, 전 세계의 약 70개의 나라에서 활동하고 있어요. 인종, 종교, 성별에 관계없이 도움이 필요한 모든 사람에게 의료 서비스를 제공하고 있답니다. 또한 자연재해, 전쟁 등으로 피해를 입은 지역에 가서도 의료 활동을 벌이고 있죠.

국경없는의사회 대한민국 위원회에서도 가난한 어린이들을 위해 예방 접종 및 의료 서비스를 무료로 제공하고 있어요.

#의료 서비스 #아이들 사랑해

• **열악하다** 품질, 능력, 시설 등이 매우 떨어지고 나쁜 것을 말해요.
• **후원금** 개인이나 단체의 활동, 사업 등을 돕기 위한 돈을 말해요.

오늘의날짜　　　**월**　　　**일**

1　다음 (　　　) 안에 들어갈 알맞은 말을 골라 ○표 하세요.

> 유니세프는 제2차 세계 대전이 (**끝난 후 , 끝나기 전**)에 세워진 국제단체예요.

2　유니세프의 활동이 <u>아닌</u> 것은 무엇인가요?　　　　　　　(　　　　)

① 전 세계 가난한 어린아이들에게 예방 접종을 해요.
② 전 세계 가난한 사람들에게 안전한 식수를 공급해요.
③ 전 세계 가난한 어린아이들을 위한 기초 교육을 해요.
④ 나라 간에 자유로운 무역이 이루어질 수 있도록 노력해요.

3　다음 빈칸에 들어갈 알맞은 말을 이 SNS에서 찾아 쓰세요.

> 우리나라에서도 유니세프 한국 위원회가 모금 활동을 기획하고 모인 후원금을
> _____ 하는 프로그램을 운영하고 있어요.

4　국경없는의사회에 대한 설명으로 알맞지 <u>않은</u> 것은 무엇인가요?　　　(　　　　)

① 의사와 언론인을 중심으로 하여 세워졌어요.
② 전 세계 약 70개의 나라에서 활동하고 있어요.
③ 인종과 종교에 따라 제공하는 의료 서비스가 달라요.
④ 자연재해, 전쟁 등으로 피해를 입은 지역에서도 의료 활동을 벌이고 있어요.

4주

3일차
글

지문분석 동영상강의

과학 기술은 어떤 모습으로 발전했을까요?

세계 문화 발자취

- 1946년 컴퓨터 등장

- 1983년 휴대 전화 개발
- 1990년 인터넷 시작
- 1993년 스마트폰 개발

1문단 "세상에, 기계가 새처럼 하늘을 날고 있어!"

사람들은 **라이트 형제**의 비행기를 보고 소리쳤어요. 라이트 형제는 수많은 실험 끝에 비행기를 날게 하는 데 성공했어요. 비행시간은 겨우 1분도 되지 않았지만 사람들은 하늘을 나는 비행기에 깜짝 놀랐어요. 이후 비행기는 계속해서 발전했어요. 그리고 지구 반대편까지 날아가는 데 하루가 걸리지 않게 되었어요.

2문단 이처럼 20세기에는 과학이 놀라울 정도로 발달했어요. **알렉산더 플레밍**은 세균을 죽이는 물질인 '페니실린'을 발견했어요. 덕분에 제2차 세계 대전 중 많은 사람의 목숨을 구할 수 있었어요. 또한 영국에서는 최초의 시험관 아기가 태어나 전 세계를 놀라게 했어요. 이후 영국의 한 과학자가 복제 양을 만드는 데 성공하는 일도 있었어요. 이 외에도 인공위성 발사, 달 착륙 등 우주 과학이 발전했어요. 전 세계의 과학자들은 지금도 더 나은 세상을 위해 컴퓨터, 인공 지능, 로봇, 줄기 세포 등 여러 가지 분야를 연구하고 있어요. 이렇게 과학은 인간의 다양한 삶과 **밀접하게** 맞닿아 있답니다.

3문단 ㉠하지만 과학이 발전하면서 문제점도 생기게 되었어요. **아인슈타인**은 엄청난 연구 **업적**을 남겼지만, 이를 바탕으로 무시무시한 핵폭탄이 생겨났어요. 이를 안 아인슈타인은 핵무기 반대 운동을 하기도 했어요. 또한 복제 기술은 인간을 복제할 수 있다는 문제점을 생기게 했어요. 자신과 똑같이 생긴 사람이 태어난다는 건 분명 무서운 일일 거예요. 이렇듯 과학 기술은 우리의 삶을 편리하게 해 주지만, 그에 따른 문제점을 어떻게 해결해야 하는지도 고민해야 해요. 과학 기술은 어떻게 사용하는지에 따라 무섭거나 고마운 존재가 될 수 있답니다.

📍 **알렉산더 플레밍**

페니실린은 세균 감염을 치료하는 최초의 약물이에요. 알렉산더 플레밍은 페니실린을 발견하여 노벨 의학상을 받았어요.

- **밀접하다** 아주 가깝게 마주 닿아 있는 것을 말해요.
- **업적** 사업이나 연구 등에서 노력과 수고를 들여 이룬 결과를 말해요.

● 바른답과 도움말 12쪽

오늘의날짜   월   일

1
세부 내용

이 글에 대한 설명으로 옳은 것은 무엇인가요?   (   )

① 과학은 인간의 삶과 큰 연관이 없어요.

② 미국의 과학자는 복제 양을 만드는 데 성공했어요.

③ 과학 기술이 발전하면서 문제점도 생기게 되었어요.

④ 라이트 형제가 발명한 비행기는 10분 동안 하늘을 날았어요.

2
세부 내용

빈칸에 들어갈 알맞은 말을 이 글에서 찾아 쓰세요.

> 세균을 죽이는 물질인 _____ 은/는 제2차 세계 대전에서 수많은 사람의 목숨을 구했어요.

3
내용 추론

이 글을 읽고 보인 반응으로 알맞지 <u>않은</u> 것은 무엇인가요?   (   )

① 페니실린처럼 과학의 발전은 사람의 목숨을 구하기도 해.

② 라이트 형제의 비행기처럼 과학의 발전은 당시의 상식을 깨기도 했어.

③ 20세기 과학 발전에 있어 아쉬운 점은 우주 과학이 발달하지 못했다는 거야.

4
내용 추론

밑줄 친 ㉠에 해당하는 사례로 알맞은 것은 무엇인가요?   (   )

① 새로 출시된 약을 만들기 위해 동물이 실험에 희생되었어요.

② 컴퓨터가 발명되자 사람들은 전보다 편하게 일을 하게 되었어요.

③ 스마트폰 덕분에 언제 어디서든 쉽게 정보를 얻을 수 있게 되었어요.

 오늘의 **한** 문장 정리

_____ 의 발전은 우리에게 편리함을 주지만, 그에 따른 문제점에 대해 고민해야 해요.

3일차
온라인 전시회

지문분석 동영상강의

과학이 가져온 편리한 생활 모습

QR코드를 찍어 과학의 발달에 대해 알아보아요.

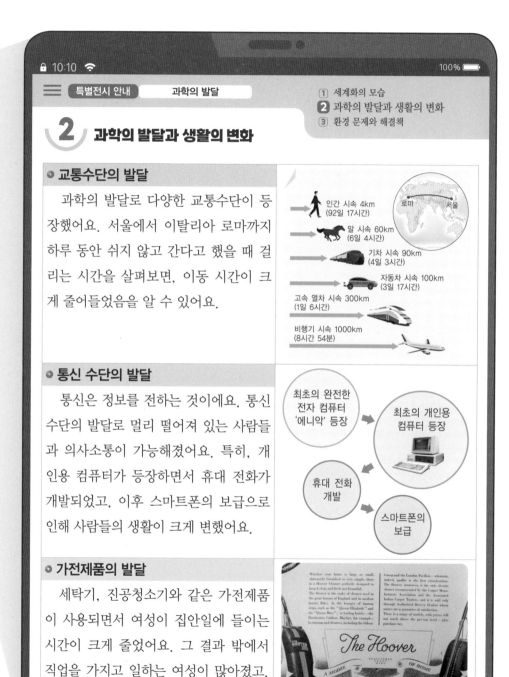

🔒 10:10 🤖   100% 🔋

☰ 특별전시 안내   과학의 발달

① 세계화의 모습
② 과학의 발달과 생활의 변화
③ 환경 문제와 해결책

② 과학의 발달과 생활의 변화

● 교통수단의 발달

과학의 발달로 다양한 교통수단이 등장했어요. 서울에서 이탈리아 로마까지 하루 동안 쉬지 않고 간다고 했을 때 걸리는 시간을 살펴보면, 이동 시간이 크게 줄어들었음을 알 수 있어요.

로마 ─ 서울

인간 시속 4km
(92일 17시간)

말 시속 60km
(6일 4시간)

기차 시속 90km
(4일 3시간)

자동차 시속 100km
(3일 17시간)

고속 열차 시속 300km
(1일 6시간)

비행기 시속 1000km
(8시간 54분)

● 통신 수단의 발달

통신은 정보를 전하는 것이에요. 통신 수단의 발달로 멀리 떨어져 있는 사람들과 의사소통이 가능해졌어요. 특히, 개인용 컴퓨터가 등장하면서 휴대 전화가 개발되었고, 이후 스마트폰의 보급으로 인해 사람들의 생활이 크게 변했어요.

최초의 완전한 전자 컴퓨터 '에니악' 등장

최초의 개인용 컴퓨터 등장

휴대 전화 개발

스마트폰의 보급

● 가전제품의 발달

세탁기, 진공청소기와 같은 가전제품이 사용되면서 여성이 집안일에 들이는 시간이 크게 줄었어요. 그 결과 밖에서 직업을 가지고 일하는 여성이 많아졌고, 전보다 여성이 사회에서 가지는 위치가 높아졌어요.

The Hoover

● 바른답과 도움말 12쪽

1 서울에서 로마까지 가장 빠르게 이동할 수 있는 교통수단을 골라 ○표 하세요.

| 말 | 기차 | 자동차 | 비행기 |

2 이 전시에 대한 내용으로 맞으면 ○표, 틀리면 ×표 하세요.

(1) 고속 열차는 비행기보다 빨라요.   (   )

(2) 교통수단의 발달로 이동 시간이 줄었어요.   (   )

(3) 가전제품이 사용되면서 여성이 집안일을 하는 시간이 줄었어요.   (   )

3 이 전시를 보고 다음 내용을 통신 수단의 발달 순서에 알맞게 기호를 쓰세요.

> (가) 휴대 전화가 개발되었어요.
>
> (나) 최초의 개인용 컴퓨터가 등장했어요.
>
> (다) 스마트폰이 많은 사람에게 보급되었어요.
>
> (라) 최초의 완전한 전자 컴퓨터가 등장했어요.

(   ) ➡ (   ) ➡ (   ) ➡ (   )

4 가전제품의 발달로 사람들의 생활 모습이 어떻게 바뀌었나요?   (   )

① 직업을 가지고 일하는 여성이 많아졌어요.

② 여성이 사회에서 가지는 위치가 낮아졌어요.

③ 남성들만 직업을 가지고 일할 수 있게 되었어요.

④ 멀리 떨어져 있는 사람들과 의사소통이 가능해졌어요.

지문분석 동영상강의

4일차 글

미래를 이끄는 첨단 기술에는 무엇이 있나요?

세계 문화 발자취

- 1996년 복제양 '돌리' 탄생

- 1999년 나노 기술 연구 시작
- 2003년 미국 나사(NASA), 무인 탐사선을 화성으로 보냄.
- 2016년 이세돌과 인공 지능 '알파고'의 바둑 대결

1 문단 증기 기관이란 물을 끓이면 발생하는 수증기를 이용해 기계를 움직이게 하는 것을 말해요. 증기 기관은 산업 혁명이 이뤄지게 하여 인간의 삶을 완전히 바꾸어 놓았어요. 공장의 거대한 기계가 돌아갔고, 이후 기차와 같은 탈것의 엔진이 만들어졌어요. 오늘날에도 산업 혁명에 못지않은 큰 변화가 예상되고 있어요. **첨단** 기술이 빠른 속도로 발전하고 있기 때문이에요. 미래를 이끄는 첨단 기술에는 어떤 것들이 있을까요?

2 문단 흔히 IT 기술이라고 불리는 ㉠정보 기술은 정보를 만들고 보내는 모든 과정에서 필요한 기술을 말해요. 컴퓨터, 인터넷 등 정보 산업에 사용되는 기술이에요. 정보 기술은 인공 지능을 만드는 기술이기도 해요. **이세돌** 바둑 기사와 인공 지능 바둑 프로그램인 '알파고'와의 대결에서 알파고가 승리한 일이 있었어요. 사람들은 인공 지능의 능력에 깜짝 놀랐어요. 이러한 인공 지능을 활용한 **가상** 인간도 등장했어요. 실제로 존재하지 않는 사람이지만, 다양한 분야에서 활발하게 활동하는 가상 인간을 보면 현재의 정보 기술이 얼마나 발전했는지 느낄 수 있답니다.

3 문단 물질을 아주 작은 원자나 분자 크기로 다루는 ㉡나노 기술도 주목받는 첨단 기술이에요. 나노 기술을 이용하면 지금까지 없었던 새로운 효과를 볼 수 있어요. 예를 들어 화장품을 나노 기술을 이용해 성분을 아주 작은 크기로 만들어요. 그럼 피부에 깊숙이 스며들어 좋은 효과를 얻을 수 있답니다. 이처럼 기술이 발전하면서 전에 상상할 수 없던 효과를 얻게 되는 것이에요. 이 외에도 새로운 과일 **품종**을 만들 수 있는 생명 공학 기술, 우주 산업을 이끄는 항공 우주 기술, 환경 오염을 줄이는 환경 기술 등 다양한 첨단 기술이 우리의 삶을 바꾸고 있어요.

◉ 인공 지능

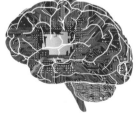

인공 지능이란 인간의 지능이 가지는 학습, 추리, 적응 등의 능력을 갖춘 컴퓨터 시스템이에요.

- **첨단** 시대나 학문, 유행 등의 가장 앞서는 자리를 말해요.
- **가상** 사실이 아닌 것을 지어내어 사실처럼 생각하는 것을 말해요.
- **품종** 같은 종의 생물을 그 특성에 따라 나눈 단위를 말해요.

1

세부 내용

빈칸에 들어갈 알맞은 말을 이 글에서 찾아 쓰세요.

_____ 의 발명으로 공장의 기계가 돌아가고, 산업 혁명이 일어났어요.

2

세부 내용

이 글의 내용으로 알맞지 **않은** 것은 무엇인가요?   (   )

① 첨단 기술에는 환경 기술이 있어요.
② 증기 기관은 첨단 기술로 만들어졌어요.
③ 나노 기술은 화장품에 사용될 수 있어요.
④ 가상 인간은 정보 기술을 통해 개발되었어요.

3

내용 추론

밑줄 친 ㉠, ㉡의 공통점은 무엇인가요?   (   )

① 우주 산업을 이끄는 기술이에요.
② 산업 혁명을 이뤄낸 기술이에요.
③ 미래를 이끄는 첨단 기술이에요.

4

내용 추론

생명 공학 기술이 사용된 사례는 무엇인가요?   (   )

① 씨가 없는 수박
② 광고 모델이 된 가상 인간
③ 반으로 접어지는 스마트폰

😀 오늘의 **한** 문장 정리

정보 기술, 나노 기술 등의 _____ 이 우리의 삶을 바꾸고 있어요.

4일차
카드뉴스

신기한 첨단 기술의 세계

01 정보 기술

정보를 만들고, 보내고, 저장하는 과정에서 필요한 기술로 소프트웨어, 인터넷 등 정보 산업의 바탕이 되는 기술이에요.

02 생명 공학 기술

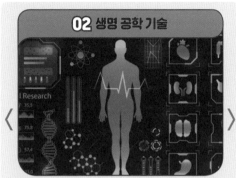

생명 공학 기술은 생물의 특성을 이용하여 제품을 만들거나 문제가 되는 부분을 고치는 기술이에요.

03 나노 기술

나노 기술은 물질을 아주 작은 크기로 분석하여 다루는 기술이에요. 의료, 항공, 화장품 등의 산업에 이용되고 있어요.

04 문화 기술

문화 기술은 영화, 애니메이션, 게임, 음악 등 문화 산업을 발전시키는 데 필요한 기술이에요.

05 항공 우주 기술

인공위성, 항공기 등을 개발하는 데 필요한 기술이에요. 전자, 반도체 등의 다른 분야와 함께 발전해야 해요.

06 환경 기술

환경 기술은 공해가 없는 교통수단 등을 개발하여 지구촌의 환경 오염을 줄이고, 예방하는 기술이에요.

오늘의 날짜   월   일

1 이 카드뉴스의 주제는 무엇인가요?   (   )

① 미래에 없어질 산업
② 다양한 첨단 기술 산업
③ 환경 오염을 일으키는 산업
④ 사람들에게 피해를 주는 산업

4주

2 이 카드뉴스에 대한 내용으로 맞으면 ○표, 틀리면 ×표 하세요.

⑴ 환경 기술은 지구촌의 환경 오염을 줄여 줘요.   (   )
⑵ 생명 공학 기술은 인공위성을 개발하는 데 필요한 기술이에요.   (   )

3 다음 (   ) 안에 들어갈 알맞은 말을 골라 ○표 하세요.

> 이 화장품은 성분을 아주 작은 크기로 만드는 (**정보 기술** , **나노 기술**)로 만들어져서 피부에 흡수되는 효과가 뛰어나요.

4 다음에서 설명하는 기술은 무엇인가요?   (   )

> 컴퓨터를 이용한 소프트웨어 개발, 인터넷 서비스 등의 산업에 바탕이 되는 기술이에요.

① 문화 기술
② 정보 기술
③ 환경 기술
④ 생명 공학 기술

5일차
글

지문분석 동영상강의

환경 문제는 누가 해결해야 할까요?

1문단 영국 런던에서 최악의 **스모그**가 발생하여 5일 만에 4,000명이 넘게 죽은 사건이 있었어요. 눈으로 볼 수 있는 거리가 1미터도 되지 않아, 사람들은 길을 걸을 때 벽을 잡고 걸어야만 했어요. 이렇게 심각한 **대기** 오염으로 전 세계의 사람들은 큰 충격에 빠졌어요. 그리고 이 사건을 계기로 환경 문제에 대한 중요성이 커졌답니다.

2문단 환경 오염은 왜 생기는 것일까요? 자연은 오염되더라도 스스로 깨끗해지는 힘이 있어요. 하지만 이러한 힘이 부족해질 정도로 자연이 더러워지면 환경 오염이 발생하는 것이에요. 환경 오염은 산업 혁명이 일어나면서 심각해지기 시작했어요. 공장이 점점 늘어나고 사람들은 도시로 모여들었어요. 공장은 새까만 매연을 뿜어대고, 사람들은 많은 양의 쓰레기를 버렸어요. 결국 자연은 깨끗해지는 힘을 잃고 도시는 심각하게 오염되어 버렸어요.

3문단 환경 문제는 어느 한 나라의 노력만으로 해결하기 어려워요. 일부 지역에만 해당하는 문제가 아닌 지구 전체의 문제이기 때문이에요. 그렇기 때문에 국제 사회에서는 힘을 합쳐 환경 문제를 해결하기 위해 노력하고 있어요. 예를 들어 **지구 온난화** 문제를 해결하기 위해 국제 연합(UN)은 프랑스 파리에서 ㉠'파리 기후 협약'을 만들었어요. 이것은 나라마다 **온실가스**를 줄이게 해서 지구의 기온이 점점 높아지는 것을 막기 위한 약속이에요. 하지만 모든 나라가 이러한 협약을 환영하지는 않아요. 산업을 한창 발전시키려는 나라는 공장에서 온실가스가 많이 나올 수 있기 때문이에요. 나라마다 각자의 이익을 생각하여 목소리가 다를 수밖에 없지만, 결국 하나의 지구를 나눠 쓰기 때문에 모두가 함께 환경 문제를 해결해야 해요. 이를 위해 그린피스와 같은 환경 단체가 환경 문제의 중요성을 널리 알리는 데 힘쓰고 있답니다.

그린피스

그린피스는 처음에는 핵무기 반대 운동을 주로 해왔지만, 현재는 환경과 관련된 다양한 운동을 하고 있어요.

• **스모그** 자동차의 배기가스나 공장에서 내뿜는 연기가 안개와 같이 된 상태를 말해요.

• **대기** 공기를 달리 부르는 말이에요.

• **지구 온난화** 지구의 기온이 높아지는 현상을 말해요.

• **온실가스** 지구 대기를 오염시켜 온실 효과를 일으키는 가스를 통틀어 이르는 말이에요.

4주

1
세부 내용

다음 빈칸에 알맞은 말을 이 글에서 찾아 쓰세요.

> 환경 오염은 _____ 이/가 일어나면서 심각해지기 시작했어요.

2
세부 내용

1 문단에 대한 설명으로 옳지 <u>않은</u> 것은 무엇인가요?   (   )

① 영국의 스모그는 심각한 대기 오염을 가져왔어요.

② 영국에서 발생한 홍수로 4,000명이 넘는 사람이 죽었어요.

③ 최악의 스모그로 인해 전 세계 사람들은 큰 충격에 빠졌어요.

3
내용 추론

밑줄 친 ㉠이 만들어진 까닭은 무엇인가요?   (   )

① 환경 문제는 국제 연합만이 해결할 수 있는 문제이기 때문에

② 환경 문제가 아직 심각하지 않지만 미리 예방하는 것이 좋기 때문에

③ 환경 문제는 한 나라가 아닌 전 세계가 함께 해결해야 하는 문제이기 때문에

4
내용 추론

이 글을 읽은 반응으로 알맞지 <u>않은</u> 것은 무엇인가요?   (   )

① 환경 문제는 일부 나라만 애써도 금방 해결할 수 있어.

② 영국의 스모그 사건은 환경 문제에 대한 중요성을 알린 계기가 되었어.

③ 환경 문제를 널리 알려야 환경 오염을 해결하려는 사람들이 많아질 거야.

 오늘의 **한** 문장 정리

_____ 같은 환경 단체와 국제 연합이 환경 문제 해결을 위해 노력하고 있어요.

5일차
신문기사

지문분석 동영상강의

땅이 점점 사라지고 있는 나라, 투발루

- **국토** 한 나라에 속해 영향을 받는 땅을 말해요.
- **해수면** 바닷물의 표면을 말해요.

1   ㉠에 들어갈 알맞은 내용은 무엇인가요?   (   )

① 회복하다

② 포기하다

③ 다른 나라에 빼앗기다

④ 스스로 다른 나라에 넘기다

2   다음 빈칸에 들어갈 알맞은 말을 이 기사에서 찾아 쓰세요.

> 투발루는 ＿＿＿＿＿＿＿＿＿ 에 따라 해수면이 상승하면서 국토가 바닷물에 잠겨 사라지고 있어요.

3   이 기사에 대한 내용으로 맞으면 ○표, 틀리면 ×표 하세요.

(1) 투발루는 남태평양에 있는 나라예요.   (   )

(2) 오늘날 환경 문제로 살 곳이 없어진 사람들이 늘어나고 있어요.   (   )

4   다음 (   ) 안에 들어갈 알맞은 말을 골라 ○표 하세요.

> 환경 문제로 살 곳이 없어진 사람들을 (농민 , 난민)으로 명확하게 규정하지 않아 문제가 되고 있어요.

1 밑줄 친 말의 뜻을 알맞게 줄로 이으세요.

아인슈타인은 큰 연구 업적을 남겼어요. ·	· 같은 종의 생물을 그 특성에 따라 나눈 단위
유니세프는 소외된 아이들에게 후원금을 기부해요. ·	· 시대나 학문, 유행 등의 가장 앞서는 자리
생명 공학 기술로 새로운 과일 품종을 만들 수 있어요. ·	· 사업이나 연구 등에서 노력과 수고를 들여 이룬 결과
지구 온난화로 인해 투발루의 해수면이 올라갔어요. ·	· 바닷물의 표면
다양한 첨단 기술이 우리의 삶을 바꾸고 있어요. ·	· 개인이나 단체의 활동, 사업 등을 돕기 위한 돈
영국의 심각한 대기 오염에 사람들은 충격에 빠졌어요. ·	· 공기를 달리 부르는 말

2 밑줄 친 말과 뜻이 비슷한 낱말을 〈보기〉에서 찾아 빈칸에 쓰세요.

〈보기〉

펼치다   가깝다   나쁘다   이사   더러워지다

(1) 과학은 인간의 삶과 **밀접하게** 맞닿아 있어요.
아주 가깝게 마주 닿아 있다.
_____

(2) 산업 혁명 이후 도시는 심각하게 **오염되어** 버렸어요.
더럽게 물들다.
_____

(3) 유니세프는 가난하고 **열악한** 환경에 놓인 아이들을 도와요.
품질, 능력, 시설 등이 매우 떨어지다.
_____

(4) 국경없는의사회는 전 세계에서 의료 활동을 **벌이고** 있어요.
일을 계획하여 시작하거나 펼쳐 놓다.
_____

(5) 투발루가 점점 바닷물에 잠기자 사람들은 **이주**를 결정했어요.
본래 살던 지역을 떠나 다른 지역으로 이동하여 정착함.
_____

4주

3 다음 (   ) 안에 들어갈 알맞은 말을 골라 ○표 하세요.

(1) 과학은 우리 삶을 (**편리** , **펼리**)하게 해 주어요.

(2) 토마토 축제는 농부들이 토마토를 던진 것에서 (**유뢰** , **유래**)되었어요.

(3) (**생게** , **생계**)를 위해 학교에 가지 못하고 일을 하는 어린이가 있어요.

(4) 아프리카에는 영양소가 부족해서 몸이 (**왜소한** , **외소한**) 어린이가 있어요.

(5) 세계 곳곳에는 의료 (**체개** , **체계**)가 부족하여 어려움을 겪는 사람들이 많아요.

이글루로 가는 길 찾기

아이가 따뜻한 이글루로 가려 해요. 이글루까지 알맞은 길을 찾아 줄을 그어요.

다른 그림 찾기

두 그림의 다른 부분들을 찾아 아래 그림에 ◯표 하세요.

에듀윌 초등 문해력보스 세계사 세계 문화 ❸

발 행 일	2023년 1월 2일 초판
저　　자	에듀윌초등문해력연구소
펴 낸 이	권대호, 김재환
펴 낸 곳	(주)에듀윌
등록번호	제25100-2002-000052호
주　　소	08378 서울특별시 구로구 디지털로34길 55
	코오롱싸이언스밸리 2차 3층

www.eduwill.net
대표전화 1600-6700

여러분의 작은 소리
에듀윌은 크게 듣겠습니다.

여러분의 이야기를 들려주세요.
공부하시면서 어려웠던 점, 궁금한 점,
칭찬하고 싶은 점, 개선할 점, 어떤 것이라도 좋습니다.

에듀윌은 여러분께서 나누어 주신 의견을
통해 끊임없이 발전하고 있습니다.

에듀윌 도서몰 book.eduwill.net
교재내용 문의 에듀윌 도서몰 → 문의하기 → 교재(내용, 출간) → 초등 문해력

문해력 레벨업 게임 붙임 딱지

파이팅 파이팅 파이팅 파이팅 파이팅 파이팅 파이팅

잘했어 잘했어 잘했어 잘했어 잘했어 잘했어 잘했어

천재 천재 천재 천재 천재 천재 천재

대단해 대단해 대단해 대단해 대단해 대단해 대단해

초등부터 에듀윌

문해력
보스

초등부터 에듀윌

문해력 보스

바른답과 도움말

세계사

초등 3~6학년

세계 문화 ❸ 현대

eduwill

바른답과 도움말

세계사 초등 3~6학년

세계 문화 ❸ 현대

1일차　제1차 세계 대전　12~15쪽

글　전쟁에 나간 군인들이 땅굴을 판 까닭은 무엇일까요?

문단	중심 낱말	중심 내용
1문단	참호전	제1차 세계 대전에 기관총이 등장하여 참호전을 하게 되었어요.
2문단	총력전	전쟁이 길어지자 나라들은 총력전을 펼쳤어요.

정답

1 ①　　　　　　　2 ④
3 ①　　　　　　　4 ③

한 문장 정리　기관총

1 참호전을 끝내기 위해 영국은 탱크를 발명했습니다.
2 제1차 세계 대전에서는 기관총, 탱크, 잠수함, 대포, 비행기 등의 신무기들이 사용되었습니다. 일부러 전염병을 퍼뜨리지는 않았습니다.
3 참호 안은 좁고, 더러워서 전염병이 쉽게 퍼졌습니다.
4 피해는 '생명이나 신체, 재산, 명예 등에 손해를 입음.'이라는 뜻으로, 신무기가 사용되면서 전쟁의 피해가 컸다는 내용입니다.

온라인전시회　제1차 세계 대전에서 나타난 전쟁의 새로운 모습

정답

1 신무기　　　　　2 참호
3 (1) ○ (2) × (3) ○　4 ②

1 제1차 세계 대전에는 위력을 가진 신무기들이 등장했습니다.
2 기관총이 등장하여 참호를 이용한 참호전을 하게 되었습니다.
3 (2) 제1차 세계 대전에서는 기관총뿐만 아니라 탱크, 잠수함 등 다양한 신무기들이 사용되었습니다.
4 활은 제1차 세계 대전의 신무기가 아닙니다.

2일차　대공황의 공포　16~19쪽

글　전쟁 후에 독일이 치른 혹독한 대가는 무엇일까요?

문단	중심 낱말	중심 내용
1문단	베르사유 조약	베르사유 조약으로 인해 독일은 힘을 잃고, 미국은 성장했어요.
2문단	대공황	미국에 대공황이 닥쳤어요.

정답

1 ②　　　　　　　2 ③
3 ③　　　　　　　4 ❶ 독일 ❷ 히틀러

한 문장 정리　대공황

1 베르사유 조약으로 독일은 전쟁의 책임을 지게 되었습니다.
2 대공황이 오자 공장과 은행들이 문을 닫게 되었습니다.
3 독일, 프랑스, 영국은 베르사유 조약으로 힘을 잃었지만, 미국은 이 기회로 이익을 얻었습니다.
4 베르사유 조약으로 인해 독일의 힘이 약해졌고, 이후 히틀러가 등장해 제2차 세계 대전을 일으켰습니다.

신문기사　독일에게 전쟁의 책임을 묻다

정답

1 ②　　　　　　　2 (1) ○ (2) ○ (3) ×
3 ③　　　　　　　4 ③

1 베르사유 조약은 독일에게 전쟁의 책임을 묻는 내용으로 이루어졌습니다.
2 (3) 독일은 베르사유 조약으로 식민지에 관한 모든 권리를 잃었습니다.
3 베르사유 조약은 프랑스에 있는 베르사유 궁전에서 맺어졌습니다.
4 미국은 독일과 연합국과는 달리 전쟁으로 큰 이익을 얻었습니다.

글   독일은 왜 또다시 전쟁을 일으켰을까요?

문단	중심 낱말	중심 내용
1문단	제2차 세계 대전	독일은 베르사유 조약을 깨고 또 전쟁을 일으켰어요.
2문단	진주만	일본은 미국의 진주만을 공격했어요.
3문단	원자 폭탄	미국이 일본에 원자 폭탄을 투하하며 전쟁이 끝났어요.

정답

1   ④   2   ①

3   ②   4   (가) ➡ (나) ➡ (다)

한 문장 정리   독일

1   독일이 폴란드를 침략해 제2차 세계 대전이 시작되었습니다.
2   일본이 진주만을 공격하여 많은 사람이 목숨을 잃고, 미국이 전쟁에 참여하게 되었습니다.
3   독일은 항복했지만, 일본은 계속 전쟁을 했다는 내용이므로 '하지만'이 알맞습니다.
4   독일이 폴란드를 공격하며 전쟁이 시작되었고, 이후 일본이 진주만을 공격하며 미국이 전쟁에 참여했습니다.

카드뉴스   사진으로 보는 제2차 세계 대전

정답

1   ④   2   (1) ✕ (2) ◯ (3) ◯

3   ②   4   일본

1   이 카드뉴스는 제2차 세계 대전의 전개 과정을 설명하고 있습니다.
2   (1) 미국은 일본에 원자 폭탄을 떨어뜨렸습니다.
3   일본이 진주만을 기습 공격하여 미국이 전쟁에 참여했습니다.
4   일본이 미드웨이 섬을 공격한 미드웨이 해전에서 미국이 승리했습니다.

글   히틀러는 왜 수많은 유대인을 죽음으로 몰고 갔을까요?

문단	중심 낱말	중심 내용
1문단	홀로코스트	독일은 아우슈비츠 수용소에서 유대인들을 학살했어요.
2문단	난징 대학살	일본은 난징에서 많은 중국인을 죽였어요.
3문단	일본군 '위안부'	일본은 여성들을 강제로 일본군 '위안부'로 끌고 갔어요.

정답

1   ③   2   아우슈비츠

3   ④   4   ②

한 문장 정리   홀로코스트

1   1문단에서는 유대인 대학살(홀로코스트)에 대해 설명하고 있습니다.
2   독일은 수많은 유대인을 아우슈비츠 수용소에 가두었습니다.
3   난징 대학살은 일본이 많은 중국 사람을 죽인 사건입니다.
4   일본은 난징 대학살과 일본군 위안부 문제에 대해 잘못을 인정하고 있지 않습니다.

온라인박물관   인류가 저지른 최대의 비극

정답

1   ④   2   (1) ◯ (2) ✕ (3) ◯

3   ③   4   일본

1   홀로코스트와 난징 대학살은 모두 제2차 세계 대전에서 일어난 사건입니다.
2   (2) 일본군이 난징에서 중국인을 죽였습니다.
3   독일이 유대인을 가둔 곳은 아우슈비츠 수용소입니다.
4   난징 대학살을 일으킨 나라는 일본입니다.

글 다시는 전쟁이 일어나지 않기 위해 인류가 한 일은 무엇일까요?

문단	중심 낱말	중심 내용
1문단	국제 연맹	제1차 세계 대전이 끝나고 국제 연맹이 생겼어요.
2문단	국제 연합	제2차 세계 대전이 끝나고 국제 연합이 생겼어요.

정답

1 ③   2 ④

3 ①   4 ③

한 문장 정리 국제 연맹, 국제 연합

1 국제 연맹에는 미국이 참여하지 않았습니다.

2 국제 연합의 결정을 무시하여 분쟁이 일어나지만, 벌을 주지는 않습니다.

3 우리나라는 국제 연합에 가입하여 활동하고 있습니다.

4 난징 대학살은 참혹한 사건이므로, '조용하고 잠잠하다.'라는 뜻의 '고요하다'라는 말과는 어울리지 않습니다.

온라인게시글 평화수호대! 국제 연맹과 국제 연합

정답

1 ①   2 (1) × (2) × (3) ○

3 ①   4 ③

2 (1) 미국은 국제 연맹에 참여하지 않았습니다.

  (2) 독일과 소련은 국제 연맹에 속하지 못했다가 나중에 가입했습니다.

3 평화 유지군이라는 군대가 6·25 전쟁 때 우리나라를 도왔습니다.

4 미국은 국제 연맹에 가입하지 않았고, 국제 연합에 참여했습니다.

정답

1

2 (1) 싸움 (2) 개발하다 (3) 모질다

  (4) 털어놓다 (5) 약속

3 (1) 늘어났어요 (2) 학살 (3) 끌려갔어요

  (4) 치렀어요 (5) 자연재해

2 (1) '싸움'은 싸우는 일을 말합니다.

  (2) '개발하다'는 새로운 물건을 만들거나 새로운 생각을 내어놓는 것을 말합니다.

  (3) '모질다'는 괴로움이나 아픔 따위가 심한 것을 말합니다.

  (4) '털어놓다'는 마음속에 품고 있는 사실을 숨김없이 말하는 것을 말합니다.

  (5) '약속'은 다른 사람과 앞으로의 일을 어떻게 할 것인지 미리 정하는 것을 말합니다.

글 **독일과 일본은 자신의 '전쟁 범죄'를 어떻게 기억할까요?**

문단	중심 낱말	중심 내용
1문단	독일	독일은 전쟁의 잘못을 인정하고 용서를 구했어요.
2문단	일본	일본은 전쟁의 잘못을 반성하지 않고 있어요.

정답

1 ② 2 ④
3 ③ 4 ②

한 문장 정리 독일, 일본

1 독일은 전쟁 때 잘못을 저지른 군인을 용서하지 않고 사형시켰습니다.
2 독일의 총리 빌리 브란트는 탑 앞에서 독일의 잘못을 빌었습니다.
3 독일은 잘못을 숨기지 않고 학생들에게 가르치고 있었습니다.
4 일본은 일본군 위안부 문제에 대해 엉뚱한 말로 잘못을 피하고 있습니다.

인터뷰 **과거를 기억하는 독일과 일본의 차이**

정답

1 유대인 2 ③
3 ④ 4 ③

1 히틀러는 아우슈비츠 수용소에 유대인을 가두었습니다.
2 독일은 전쟁을 일으킨 주요 인물을 심판하는 재판을 열었습니다.
3 일본군이 강제로 여성을 끌고 간 것을 일본군 위안부라고 합니다.
4 일본은 과거의 잘못을 인정하지 않고 있습니다.

글 **1960년은 왜 '아프리카의 해'라고 불릴까요?**

문단	중심 낱말	중심 내용
1문단	아시아	전쟁이 끝나고 아시아의 인도와 베트남이 독립했어요.
2문단	아프리카	아프리카의 알제리와 이집트도 독립을 이루어 냈어요.
3문단	제3 세계	제3 세계 나라들은 미국과 소련, 누구의 편에도 서지 않았어요.

정답

1 ③ 2 ③
3 ③ 4 독립

한 문장 정리 독일

1 아프리카에서는 알제리와 이집트가 독립을 했습니다.
2 일본의 식민지였던 우리나라도 독립을 했습니다.
3 '아프리카의 해'는 아프리카의 17개 나라가 독립을 이룬 해입니다.
4 영국의 식민지였던 인도는 독립운동을 했습니다.

신문기사 **제3 세계, 냉전의 중심에서 평화를 외치다**

정답

1 반둥 2 ②
3 ① 4 (1) ○ (2) × (3) ○

1 아시아와 아프리카의 나라들이 인도네시아 반둥에서 회의를 열었습니다.
2 제3 세계는 미국과 소련 중 어느 편에도 속하지 않는 나라를 말합니다.
3 평화 10원칙은 냉전을 비판하고 평화를 지키려는 목적을 갖고 있습니다.
4 ⑵ 반둥 회의에는 총 29개의 나라가 참여했습니다.

글   **인류 최초로 달에 간 나라는 어디일까요?**

문단	중심 낱말	중심 내용
1문단	경쟁	냉전 시기에 미국과 소련은 치열하게 경쟁했어요.
2문단	첩보	미국과 소련은 첩보 작전을 쓰기도 했어요.

정답

1   ①   2   ①

3   ③   4   개발

한 문장 정리   우주

1   나사(NASA)를 만든 나라는 미국입니다.
2   미국과 소련은 우주에 가는 것을 두고 치열하게 경쟁했습니다.
3   스푸트니크에는 강아지 라이카가 탔고, 보스토크에 사람이 탔습니다.
4   '개발하다'는 새로운 물건을 만들거나 새로운 생각을 내놓는 것을 말합니다.

백과사전   **차가운 냉전 속 뜨거운 경쟁**

정답

1   ②   2   (1) ○ (2) × (3) ○

3   ②   4   ③

1   미국과 소련은 냉전 시기에 치열하게 경쟁했습니다.
2   (2) 미국이 소련보다 먼저 원자 폭탄을 개발했습니다.
3   소련은 세계 최초로 인공위성을 발사했습니다.
4   미국은 인류 최초로 달에 착륙했습니다.

글   **아시아에서는 왜 전쟁이 이어졌을까요?**

문단	중심 낱말	중심 내용
1문단	냉전	냉전 시기에 세계는 미국과 소련의 편으로 나뉘었어요.
2문단	중국	중국은 장제스와 마오쩌둥의 편으로 나뉘었어요.
3문단	6·25 전쟁	6·25 전쟁으로 남과 북은 다시 둘로 나뉘어졌어요.
4문단	베트남 전쟁	베트남은 남과 북으로 나뉘어 전쟁을 했어요.

정답

1   ③   2   남베트남

3   ②   4   ④

한 문장 정리   소련

1   냉전 시기에 소련의 생각을 따랐던 사람은 중국의 마오쩌둥과 베트남의 호찌민입니다.
2   미국은 베트남 전쟁에서 남베트남을 도왔습니다.
3   소련은 모든 사람이 재산을 나누어 갖는 나라를 원했습니다.
4   '낳다'는 어떤 결과를 이루거나 가져오는 것을 말합니다.

온라인전시회   **아시아에서 펼쳐진 냉전의 모습**

정답

1   북한   2   (1) × (2) ○

3   ③   4   ③

1   6·25 전쟁은 1950년에 북한의 기습으로 시작되었습니다.
2   (1) 베트남 전쟁에서 미국이 남베트남에게 도움을 주었습니다.
3   북베트남은 소련 편, 남베트남은 미국의 편이었습니다.
4   미국과 국제 연합이 남한을 도왔고, 소련과 중국이 북한을 도왔습니다.

글 **독일 땅 한가운데에 기다란 벽이 있었다고요?**

문단	중심 낱말	중심 내용
1문단	베를린 장벽	동독과 서독 사이에 베를린 장벽이 세워졌어요.
2문단	냉전	소련이 해체되고, 냉전이 끝났어요.

정답

1 ④   2 베를린 장벽

3 ②   4 (나) ➡ (가) ➡ (다)

한 문장 정리 서독

1 소련의 고르바초프는 경제를 살리려 했습니다.

2 베를린 장벽은 동독과 서독 사이에 세워졌다가, 허물어졌습니다.

3 동독을 탈출해 서독으로 넘어가는 사람이 많아서 베를린 장벽이 세워졌다는 내용이므로 '그래서'가 가장 알맞습니다.

4 고르바초프가 등장한 후, 베를린 장벽이 무너지고 독일이 통일되었습니다.

카드뉴스 냉전, 그 끝을 향하여

정답

1 ①   2 닉슨

3 (1) ○ (2) ○   4 (다) ➡ (마) ➡ (라) ➡ (나) ➡ (가) ➡ (바)

1 이 카드뉴스의 주제는 냉전이 끝나는 과정입니다.

2 미국의 닉슨 대통령이 베트남에 있는 미군을 철수시켰습니다.

4 이 카드 뉴스는 소련이 해체되고, 냉전이 끝나는 과정을 설명하고 있습니다.

정답

1

2 (1) 무너지다 (2) 떳떳하다 (3) 격하다

    (4) 맞서다 (5) 평등하다

3 (1) 착륙했어요 (2) 팽팽하게 (3) 감시

    (4) 세워졌어요 (5) 첩보

2 (1) '무너지다'는 쌓여 있거나 서 있는 것이 허물어져 내려앉는 것을 말합니다.

(2) '떳떳하다'는 굽힐 것이 없이 당당한 것을 말합니다.

(3) '격하다'는 기세나 감정 따위가 급하고 거센 것을 말합니다.

(4) '맞서다'는 서로 굽히지 아니하고 마주 겨루어 버티는 것을 말합니다.

(5) '평등하다'는 권리, 의무, 자격 등이 차별 없이 고르고 한결같은 것을 말합니다.

정답

1일차 대중 매체와 대중문화 62~65쪽

글 어떻게 많은 사람들이 같은 문화를 즐기게 되었나요?

문단	중심 낱말	중심 내용
1문단	대중 매체	대중 매체 덕분에 대중의 힘이 커졌어요.
2문단	대중문화	대중 매체의 발달로 대중문화가 생겼어요.
3문단	대중문화	대중문화가 발달하면서 각 지역의 문화가 같아지는 문제점이 생겼어요.

정답

1 ③　　　　　　2 ②
3 ①　　　　　　4 ③

한 문장 정리 대중 매체

1 대중 매체의 발달로 대중의 힘이 커졌습니다.
2 일부 사람만 누리던 문화를 대중 매체 덕분에 모두가 누릴 수 있게 되었습니다.
3 대중 매체로 인해 비틀스의 노래를 전 세계가 함께 부르게 되었습니다.
4 '특징'은 다른 것에 비하여 특별히 눈에 뜨이는 점을 말합니다.

신문기사 자유를 향한 뜨거운 열기, 우드스톡 축제!

정답

1 자유　　　　　2 ②
3 ⑴ ○ ⑵ × ⑶ ○　　4 ②

1 우드스톡 축제는 전쟁에 반대하고 자유와 평화를 외치는 축제입니다.
2 이 글에 따르면 밥 딜런이 축제에 참가했습니다.
3 ⑵ 우드스톡 축제는 미국 뉴욕에서 열렸습니다.
4 우드스톡 축제는 자유와 평화를 상징하는 축제로, 넥타이를 맨 회사원은 축제와 맞지 않습니다.

2일차 중국의 발전과 문제점 66~69쪽

글 중국 사람들은 왜 톈안먼에 모였을까요?

문단	중심 낱말	중심 내용
1문단	문화 대혁명	마오쩌둥은 문화 대혁명을 일으켰어요.
2문단	톈안먼(천안문) 사건	민주주의를 외치는 톈안먼 사건이 일어났어요.

정답

1 ①　　　　　　2 ①
3 ③　　　　　　4 ⑺ ➡ ⑻ ➡ ⑼

한 문장 정리 문화 대혁명

1 홍위병은 마오쩌둥을 따르는 단체였습니다.
2 마오쩌둥은 민주주의를 주장하지 않았습니다.
3 '성장'은 사물의 규모나 세력 따위가 점점 커지는 것을 말합니다.
4 마오쩌둥은 대약진 운동이 실패한 후 문화 대혁명을 일으켰고, 이후 톈안먼 사건이 일어났습니다.

백과사전 중국의 경제 발전 뒤에 가려진 그림자

정답

1 ③　　　　　　2 덩샤오핑
3 ⑴ ○ ⑵ × ⑶ ○　　4 톈안먼

1 덩샤오핑은 중국의 경제를 살리기 위해서는 무슨 일이든 하겠다고 말했습니다.
2 덩샤오핑은 개혁과 개방 정책을 펼쳤습니다.
3 ⑵ 오늘날 중국은 세계에서 두 번째로 경제가 강한 나라로 성장했습니다.
4 덩샤오핑은 톈안먼 광장에서 시위가 일어나자 강제로 진압했습니다.

세계화가 가져온 변화   70~73쪽

글   '세계는 하나'라는 말은 무슨 뜻일까요?

문단	중심 낱말	중심 내용
1문단	세계 무역 기구	세계화로 인해 세계 무역 기구가 생겼어요.
2문단	유럽 연합	세계화로 인해 유럽 연합이 생겼어요.
3문단	세계화	세계화로 인해 부작용도 생기게 되었어요.

정답

1 ④   2 ④
3 ①   4 ④

한 문장 정리 유럽 연합

1   세계화로 인해 다른 나라의 소식을 쉽게 알 수 있습니다.
2   세계 무역 기구는 세계의 경제 질서를 바로잡고 있습니다.
3   우리나라도 세계화로 인해 다른 나라의 영향을 받고 있습니다.
4   '분열되다'는 집단이나 단체가 갈라져 나뉘게 되는 것을 말합니다.

블로그 유럽의 여러 나라를 자유롭게 여행해요

정답

1   비자   2   이민자
3   ①   4   ②

1   유럽 연합이 생겨 비자가 없어도 유럽의 여러 나라의 국경을 넘을 수 있습니다.
2   최근 불법 이민자가 증가하는 문제점이 생기고 있습니다.
3   유럽 연합은 벨기에의 샤를마뉴 건물에 있습니다.
4   영국은 2020년에 유럽 연합에서 탈퇴했습니다.

지역 분쟁과 난민 문제   74~77쪽

글   위험에 빠진 난민은 누가 보호해 줄까요?

문단	중심 낱말	중심 내용
1문단	난민	난민은 세계 곳곳에서 발생하고 있어요.
2문단	분쟁	세계 곳곳에서 분쟁이 일어나고 있어요.
3문단	세계 난민의 날	세계 난민의 날을 정해 난민 문제의 관심을 높이고 있어요.

정답

1   난민   2   ㈎, ㈏
3   ③   4   ④

한 문장 정리 난민

1   난민은 전쟁, 정치, 종교 등의 이유로 사는 곳을 옮겨야 하는 사람을 말합니다.
2   난민 문제는 전 세계가 함께 해결해야 하는 문제입니다.
3   세계 난민의 날은 난민 문제에 대한 관심을 높이기 위해 정해졌습니다.
4   '수용하다'는 어떤 것을 받아들이는 것을 말합니다.

온라인전시회 지금도 난민이 발생하고 있어요

정답

1   ④   2   (1) × (2) ○
3   ①   4   ③

1   이 글에서 스포츠는 분쟁의 원인이 아닙니다.
2   (1) 세르비아 사람과 코소보 주민은 종교가 서로 달랐습니다.
3   르완다는 부족 갈등으로 인한 분쟁을 겪고 있습니다.
4   시리아 정부군이 대량 살상 무기를 사용하여 전쟁이 일어났습니다.

글 **사람들은 왜 평화를 외칠까요?**

문단	중심 낱말	중심 내용
1문단	대량 살상 무기	대량 살상 무기를 금지하는 협약이 생겼어요.
2문단	반전 평화 운동	전쟁에 반대하는 반전 평화 운동이 확산되었어요.

정답

1 ③   2 ③
3 ①   4 ❶ 전쟁 ❷ 미국

한 **문장 정리** 반전 평화 운동

1 1문단은 대량 살상 무기를 금지하는 움직임에 대해 말하고 있습니다.
2 제2차 세계 대전 이전부터 반전 평화 운동은 이어져 왔습니다.
3 '물러나다'는 하던 일을 내놓고 나오는 것을 말합니다.
4 반전 평화 운동에 영향을 받아 미국의 군대가 베트남에서 철수했습니다.

온라인박물관 **우리는 전쟁에 반대합니다!**

정답

1 ①   2 (1) ○ (2) ✕
3 ④   4 (가) ➡ (나) ➡ (다)

1 소련과 아프가니스탄의 전쟁은 소련이 해체되고, 냉전이 끝나는 데에 영향을 끼쳤습니다.
2 반전 평화 운동은 제2차 세계 대전 이전에도 있었습니다.
3 9 · 11 테러 이후 미국은 아프가니스탄을 공격했습니다.
4 이 글은 세계에서 일어난 전쟁과 반전 평화 운동을 순서대로 설명하고 있습니다.

정답

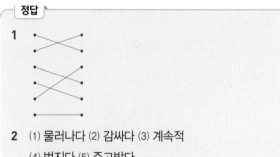

1

2 (1) 물러나다 (2) 감싸다 (3) 계속적
    (4) 번지다 (5) 주고받다
3 (1) 얽혀 (2) 권력 (3) 일어났어요
    (4) 국경 (5) 맺어졌어요

2 (1) '물러나다'는 하던 일이나 지위를 내놓고 나오는 것을 말합니다.
    (2) '감싸다'는 흉이나 허물을 덮어 주는 것을 말합니다.
    (3) '계속적'은 끊이지 않고 이어 나가는 것을 말합니다.
    (4) '번지다'는 풍습, 풍조, 불만 등이 사회에 차차 퍼지는 것을 말합니다.
    (5) '주고받다'는 서로 주기도 하고 받기도 하는 것을 말합니다.

1일차 세계의 다양한 축제   86~89쪽

글 세계의 대표적인 축제는 무엇일까요?

문단	중심 낱말	중심 내용
1문단	세계화	세계화로 인해 다양한 나라로 여행할 수 있어요.
2문단	축제	전 세계에는 다양한 축제가 있어요.
3문단	올림픽	전 세계인이 한데 모여 즐기는 축제도 있어요.

정답

1 축제

2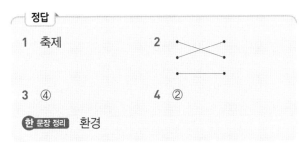

3 ④

4 ②

한 문장 정리 환경

1 각 나라는 고유한 환경과 문화가 있어서 다양한 축제가 열리고 있습니다.

3 토마토 값이 폭락하자 농부들이 토마토를 던진 것에서 토마토 축제가 유래되었습니다.

4 이 글을 통해 일본의 눈 축제에서 어떤 음식이 유명한지 알 수 없습니다.

백과사전 **세계의 축제 속으로!**

정답

1 삼바

2 (1) ✕ (2) ○

3 ③

4 ③

1 리우 카니발에서 추는 삼바 춤은 흑인 노예들의 춤에서 시작되었습니다.

2 ⑴ 세계 여러 나라는 각각 고유한 자연 환경과 인문 환경을 갖고 있습니다.

3 송끄란 축제에서는 지나가는 사람에게도 축복의 의미로 물을 뿌립니다.

4 삿포로 눈 축제에서 다양한 눈 조각품을 볼 수 있습니다.

2일차 가난과 질병   90~93쪽

글 먹을 것과 마실 물이 없어서 목숨을 잃는 사람이 있다고요?

문단	중심 낱말	중심 내용
1문단	가난	가난으로 고통받는 어린이들이 많아요.
2문단	질병	인간은 질병과 싸우며 살아왔어요.
3문단	국제단체	국제단체가 가난과 질병으로 고통받는 사람을 돕고 있어요.

정답

1 ③   **2** ③

3 ③   **4** ❶ 가난 ❷ 유니세프

한 문장 정리 질병

1 아프리카에는 가뭄으로 고통받는 어린이들이 있습니다.

2 어떤 문제가 생기면 전 세계가 함께 영향받기 때문에 가난과 질병 문제도 함께 해결해야 합니다.

3 '해결'은 사건이나 문제, 일 등을 잘 처리해 끝내는 것을 말합니다.

4 가난과 질병으로 고통받는 사람이 많아 다양한 국제단체가 함께 문제를 해결하고 있습니다.

SNS **가난과 질병을 향한 따뜻한 손길**

정답

1 끝난 후   **2** ④

3 기부   **4** ③

1 유니세프는 제2차 세계 대전 이후 만들어진 단체입니다.

2 유니세프의 활동은 나라 간 무역과 상관이 없습니다.

3 '기부'는 누군가를 돕기 위하여 돈이나 물건 따위를 대가 없이 내놓는 것을 말합니다.

4 국경없는의사회는 모든 사람에게 차별 없이 의료 활동을 펼칩니다.

글 과학 기술은 어떤 모습으로 발전했을까요?

문단	중심 낱말	중심 내용
1문단	비행기	사람들은 라이트 형제의 비행기를 보고 깜짝 놀랐어요.
2문단	과학	20세기에는 과학이 발전했어요.
3문단	과학	과학이 발전하면서 문제점도 생겼어요.

정답

1 ③
2 페니실린
3 ③
4 ①

한 문장 정리 과학

1 과학이 발전하면서 문제점도 생겼습니다.
2 페니실린이 발견되어 전쟁 중에 많은 사람의 목숨을 구했습니다.
3 20세기에 우주 과학도 발전했습니다.
4 새로운 약을 만들기 위한 실험에 동물이 희생된 것은 과학이 발전하면서 생기는 문제점입니다.

온라인전시회 과학이 가져온 편리한 생활 모습

정답

1 비행기
2 (1) × (2) ○ (3) ○
3 (라) ➡ (나) ➡ (가) ➡ (다)
4 ①

1 서울에서 로마까지 비행기로 총 8시간 54분이 걸립니다.
2 (1) 고속 열차보다 비행기가 빠릅니다.
3 최초의 전자 컴퓨터 에니악이 등장한 후 개인용 컴퓨터가 등장했고, 휴대 전화와 스마트폰이 개발되었습니다.
4 가전제품의 발달로 여성들이 집안일에 들이는 시간이 줄어 직업을 갖게 되었습니다.

글 미래를 이끄는 첨단 기술에는 무엇이 있나요?

문단	중심 낱말	중심 내용
1문단	첨단 기술	첨단 기술이 빠르게 발전하고 있어요.
2문단	정보 기술	정보 기술의 발달로 '알파고'와 가상 인간이 등장했어요.
3문단	나노 기술	나노 기술로 새로운 효과를 볼 수 있어요.

정답

1 증기 기관
2 ②
3 ③
4 ①

한 문장 정리 첨단 기술

1 증기 기관의 발명으로 산업 혁명이 이루어졌습니다.
2 증기 기관은 오늘날의 첨단 기술과 관련이 없습니다.
3 정보 기술과 나노 기술은 모두 첨단 기술입니다.
4 생명 공학 기술로 새로운 과일 품종을 만들 수 있습니다.

카드뉴스 신기한 첨단 기술의 세계

정답

1 ②
2 (1) ○ (2) ×
3 나노 기술
4 ②

1 이 카드뉴스는 다양한 첨단 기술을 소개하고 있습니다.
2 (2) 인공위성을 개발하는 기술은 항공 우주 기술입니다.
3 화장품의 성분을 아주 작게 만드는 기술은 나노 기술입니다.
4 정보 기술은 소프트웨어와 인터넷 등 정보 산업에 바탕이 되는 기술입니다.

글 **환경 문제는 누가 해결해야 할까요?**

문단	중심 낱말	중심 내용
1문단	스모그	영국에서 스모그가 발생하여 사람들은 충격에 빠졌어요.
2문단	환경 오염	산업 혁명 이후 환경 오염이 심각해졌어요.
3문단	환경 문제	환경 문제를 해결하기 위해 전 세계가 노력하고 있어요.

정답

1 산업 혁명   2 ②
3 ③   4 ①

한 문장 정리 그린피스

1 산업 혁명 이후 도시는 심각하게 오염되었습니다.
2 영국에서 발생한 스모그로 5일 만에 4,000명이 넘는 사람이 죽었습니다.
3 파리 기후 협약을 통해 전 세계가 함께 환경 문제에 책임을 지고 있습니다.
4 환경 문제는 일부 나라가 아닌 전 세계가 함께 해결해야 합니다.

신문기사 **땅이 점점 사라지고 있는 나라, 투발루**

정답

1 ②   2 지구 온난화
3 (1) ○ (2) ○   4 난민

1 투발루는 해수면이 올라가면서 국토가 잠기자, 어쩔 수 없이 국토를 포기하게 되었습니다.
2 투발루가 잠기는 이유는 지구 온난화 때문입니다.
4 환경 문제로 살 곳을 잃은 사람을 난민으로 명확하게 규정하지 않고 있습니다.

정답

1

2 (1) 가깝다 (2) 더러워지다 (3) 나쁘다
   (4) 펼치다 (5) 이사
3 (1) 편리 (2) 유래 (3) 생계 (4) 왜소한 (5) 체계

2 (1) '가깝다'는 성질이나 특성이 기준이 되는 것과 비슷한 것을 말합니다.
   (2) '더러워지다'는 때가 생겨 지저분해지는 것을 말합니다.
   (3) '나쁘다'는 좋지 않은 것을 말합니다.
   (4) '펼치다'는 사람들 앞에 주의를 끌 만한 상태로 나타내는 것을 말합니다.
   (5) '이사'는 사는 곳을 다른 데로 옮기는 것을 말합니다.

정답

찾아보기

바른답과 도움말

고객의 꿈, 직원의 꿈, 지역사회의 꿈을 실현한다

에듀윌 도서몰 book.eduwill.net
교재내용 문의 에듀윌 도서몰 → 문의하기 → 교재(내용, 출간) → 초등 문해력

교재의 오류는 에듀윌 도서몰 내 정오표에서 확인할 수 있으며, 잘못 만들어진
책은 구입처에서 교환해 드립니다.